الدخول إلى محضر اللّٰه

العبادة الحقيقية
من خلال الشكر والتسبيح

بقلم

ديريك برنس

الدخول إلى محضر الله

Originally published in English under the title
Entering the Presence of God
Moving Beyond Praise and Thanksgiving to True Worship
ISBN 978-0-88368-719-2

Copyright © 1973, 2002 Derek Prince Ministries–International.
All rights reserved.

المــؤلــف: ديريك برنس
النــاشــر: المؤسسة الدولية للخدمات الاعلامية ت: ٩٨٨٩ ٨٥٥ ١٠٠ ٢٠+
المطبعــة: مطبعة سان مارك ت: ٢٣٤١٨٨٦١ ٢٠٢+
التجهيز الفني: جي سي سنتر ت: ٢٦٣٧٣٦٨٦ ٢٠٢+
الموقع الالكتروني: www.dpmarabic.com
البريد الالكتروني: sales@dpmarabic.com
رقم الايداع: ٥١٢٦ / ٢٠٠٩
الترقيم الدولي: 977-6194-24-9

Derek Prince Ministries–International
PO Box 19501
Charlotte, North Carolina 28219
USA
Translation is published by permission

Copyright © 2013 Derek Prince Ministries–International

www.derekprince.com

DPM

المحتويات

٤

مقدمـة

بدءاً من أواخر السـبعينات ووصولاً إلى التسعينات ، طَرأ شيءٌ أثّر بوضوح فى تشكيل تاريخ الكنيسة .

فقد اكتسـحت ثورة التسـبيح والعبادة جسد المسيح على مستوى العالم عن طريق فرقٍ للتسـبيح مثل ماران آثا وإنْتِجْرتي وأوصنّا ! ، وقد حازت تلك الفرق المتخصصة في الموسـيقى والترانيم شـهرة واسـعة ، فقـد رفع ملايين المؤمنين رؤوسـهم وأياديهم وأصواتهم نحو السـماء . وظهـر جيـل جديد من كاتبـي الترانيم ذات التأثيـر العميق ، لم يكن الأمر مجرد عبادة جماعية أو عبادة «مشتركة» ازدهرت في هذا الربيع الروحـي ، بل امتد التأثيـر إلى أوقات الخلوة التـي أصبحت أقل هدوءاً وأكثر إثارة عندما اكتشف الناس قوة التسبيح الشخصي الخاص .

كان لهـذه الثـورة رُوّاد أوائـل ، وعُرِفت تلك الظاهـرة غير العادية الكامنـة والمشـجعة ما عُـرف فى جميع أنحـاء العالم باسـم التجديد الكاريزماتي الذي انتشـر في الستينات والسبعينات ، وهي حركة نجد فيها اسـترداد عمل الروح القدس وشـخصه إلى الكنيسـة بكل ملئه ، وعندمـا تُعْطَى للروح القدس حرية التصّـرف ، فأنه يأخذ بأيدي الناس ويقودهم إلى محضر الآب الشافي والمنعش .

الفصل الأول

الدخول إلى محضر الله

يعتبر موضوع العبادة واحد من الموضوعات الرئيسية في الكتاب المقدس وهي ذات أهمية قصوى في حياة المؤمن، وعلى الرغم من ذلك فأغلب المؤمنين لا يدركون جيداً طبيعة العبادة، فعندما يتحدث معظم المترددين على الكنيسة عن العبادة فهم يشيرون إلى خدمة العبادة يوم الأحد صباحاً، ويتحدثون عن الترانيم والأغاني الروحية وعن المرنّمين الواقفين وعن الموسيقى المحددة لذلك اليوم، أخشى أنه للأسف في كثير من تلك الكنائس لا يوجد إلا قليل من العبادة، ولو كان هذا هو الإطار الوحيد الذي يعرفه المؤمن العادى عن موضوع العبادة فهذا يعني أن هؤلاء المؤمنين لم يبدأوا العبادة بعد.

في هذا الكتاب سنعرف معنى العبادة من خلال النظر فيما وراء الأفعال والتصرفات إلى حيث تحدث العبادة الحقيقية أي في القلب، وسنعرف بعض المفاهيم مثل التسبيح والشكر والعبادة، وسنحدد الأمور التى يمكن أن تعوق عبادتنا، وسنصف التقدم الذي يقودنا إلى محضر الله فعلاً خطوة خطوة حيث يمكننا أن نسمع صوته ونجد راحة بين ذراعيه.

تقدماتنا :

عندما نأتي لمحضر الله ، نجده يطلب منا أن نأتي معنا بعدة تقدمات أو ذبائح ، والتقديمات تلك أو الذبائح لا تقتصر فقط على المال والممتلكات المادية ، ولكن يتناول الكتاب المقدس مستوى أعلى يتعلّق بعطايا أو تقدماتٍ روحية متنوعة يطلب الله من أتباعه أن يأتوا بها إليه ، وتلك التقدمات الروحية هي الشكر والتسبيح والعبادة .

> **عندما تأتي لمحضر الله**
> **فهو يطلب منا أن نأتي معنا بتقدماتنا**

عادة ما نستخدم تلك المصطلحات بطريقة تبادلية ، ويمكنني أن أقارنها بألوان قوس قزح التي هي ألوان متميزة ومع ذلك فهي تختلط مع بعضها البعض دون أن تكون هناك أي خطوط فاصلة ومحددة لتفصل بين الألوان ، وهكذا أيضاً فإن التسبيح والشكر والعبادة كلها أمور متميزة ولكنها تختلط معاً بطريقة طبيعية ، وفيما يلي الأسلوب الذي أميزها به :

الشكر يتعلّق بصلاح الله

التسبيح يتعلّق بعظمة الله

العبادة تتعلّق بقداسة الله

تحتل القداسة منزلة خاصة ومتفردة ، فهي صفة الله التي يتعذّر على الذهن البشـري إدراكها لأنه لا يوجـد ما يعادلها على الأرض ، فيمكننـا أن نتحـدث عـن حكمة الله لأننـا نعرف أناساً حكماء ، ويمكننا أن نتحدث عن عظمة الله لأننا نعرف أناساً عظماء ، ويمكننا أن نتحـدث عن قوة الله لأننـا رأينا إظهارات لقـوى عظيمة ، ولكن **بعيداً عن الله لا يوجد أي مثال أرضي عن القداسة، فهي شيء ينفرد به الله، ولا ينعكس نور قداسته إلا على الذين قدسهم هو** ، وأعتقد أن العبادة لها علاقة مباشـرة بقداسـة الله ، ولكن بما أنه من الصعب أن نفهم قداسـة الله فإنه قد يكون من الصعب أن نفهم العبادة تماماً وندخل فيها .

وهكذا ، فإن العبادة هي أصعب هذه التقدمات أو العطايا الثلاث بالنسبة للمؤمن لكي يقدمها بطريقة مقبولة لله ، فالشكر والتسبيح هما أساساً شهادة من الفم ولكن العبادة هي اتجاه قلب ، وهكذا فإنه مـن المهـم أن يكون لدينا فهم لهذه المصطلحـات الثلاثة إن أردنا أن تكون لنا القدرة على أن نجعلها جزءاً من تقدماتنا لله .

الشكر والتسبيح هما شهادة من الفم ولكن العبادة هي اتجاه

التســـــبيح :

يجري التســبيح مثل خيــط ذهبي في كل الكتــاب المقدس، من البدايــة للنهاية، فالتســبيح أبدي ومصدره الســماء، وهو الشــغل الشــاغل دائماً لــكل المخلوقات المجيــدة والأبدية التي تســكن في الســماء، حيــث يتمتعــون بالقــدرة علــى الدخول إلــى محضر الله والاقتــراب إليــه دون أيّة معّوقــات، والقدرة على الدخــول إلى الله بدون معّوقات تشجّع على التسبيح بلا معّوقات.

ظهر التسبيح على الأرض منذ بدايتها، ففي (أيوب ٣٨) تحدى الله أيوب بهذا السؤال:

«أَيْنَ كُنْتَ حِينَ أَسَّسْتُ الأَرْضَ؟....عِنْدَمَا تَرَنَّمَتْ كَوَاكِبُ الصُّبْحِ مَعًا، وَهَتَفَ جَمِيعُ بَنِي اللهِ؟» (أيوب ٣٨ : ٤، ٧).

يا لها من صــورة رائعة وجميلة للأرض، فالتسبيح هو الذي أرسل كوكبنا أولاً لكي يَسْبَحَ في مداره السماوي، وإنها لمسئولية شعب الله على هذا الكوكب أن يحافظوا على استمرار التسبيح لكي يكون علامة على مساره حتى يأتي الوقت الذي لا تكون هناك سماوات ولا أرض فيما بعد.

التسبيح هو الطريقة المناسبة للاقتراب من الله كملك في عرشه :

«وَأَنْتَ الْقُدُّوسُ الْجَالِسُ بَيْنَ تَسْبِيحَاتِ إِسْرَائِيلَ» (مزمور ٢٢ : ٣) .

عندما نجمع ما بين التسبيح والشكر فإن هذا يعطينا القدرة على الدخـول إلى الله ، ونـرى هذا في (مزمـور ١٠٠) حيث قال كاتب المزامير :

«ادْخُلُوا أَبْوَابَهُ بِحَمْدٍ، دِيَارَهُ بِالتَّسْبِيحِ. احْمَدُوهُ، بَارِكُوا اسْمَهُ» (مزمور ١٠٠ : ٤)

هنـا نجد درجتين مـن الدخـول إلى محضـر الله ، الأولى من خلال أبـواب الله ثـم من خلالها إلى ديـاره ، فيشـير كاتـب المزامير إلى أن الشـكر هو الذى يدخلـنا من الأبـواب ولكن التسـبيح يأتي بنا إلى الديـار ، وهنـاك أيضـاً توضيح جميل في إشـعياء حيث قال النبي لشعب الله :

«لاَ يُسْمَعُ بَعْدُ ظُلْمٌ فِي أَرْضِكِ، وَلاَ خَرَابٌ أَوْ سَحْقٌ فِي تُخُومِكِ، بَلْ تُسَمِّينَ أَسْوَارَكِ: خَلاَصًا وَأَبْوَابَكِ: تَسْبِيحًا» (إشعياء ٦٠ : ١٨) .

يسـكن الله في مكان به سلام كامل وسكون ، فالأمر لا يقتصر على عدم وجود عنف أو خراب وحسـب ولكن لا يوجد أيضـاً حتى مجرد صوت للعنف أو الخراب ، ولكن لاحظ الأسلوب للدخول فإنّ كل الأبـواب هي أبـواب تسـبيح ، بمعنى آخر فـإنّ الطريقة الوحيدة

للدخول إلى مكان حضور الله وسكناه هو من خلال التسبيح، فبدون تسبيح لا يمكننا أن نتجاوز الأبواب الخارجية.

الشكر:

«لِذلِكَ وَنَحْنُ قَابِلُونَ مَلَكُوتًا لاَ يَتَزَعْزَعُ لِيَكُنْ عِنْدَنَا شُكْرٌ بِهِ نَخْدِمُ اللهَ خِدْمَةً مَرْضِيَّةً، بِخُشُوعٍ وَتَقْوَى» (عبرانيين ١٢ : ٢٨).

في ترجمة الملك جيمس يقول: «ليكن عندنا نعمة» ولكن الترجمة الدولية الحديثة تترجم نفس الآية بطريقة مختلفة إذ تترجم كلمة «نعمة» إلى «شكر»

في الواقع أنّ كليهما ترجمة سليمة، ففي اليونانية «ليكن عندنا نعمة» والكلمة الأساسية هي كلمة «Charis» هي نفس الكلمة وكأنك تقول: «شكراً» فهناك ارتباط مباشر بين النعمة والشكر، فالشخص غير الشاكر هو شخص خارج نعمة الله، فلا يمكنك أن تكون غير شاكر ثم تحدّث بنعمة الله.

هناك ثلاث من لغات العالم الرومانسية وهي تلك اللغات التي من أصل يوناني تربط مباشرة ما بين النعمة والشكر، ففي الفرنسية «grace a Dieu» معناها: «شكراً لله»، وفي الإيطالية أن كلمة شكراً هي «grazie»، وفي الأسبانية هي كلمة «gracias»، فلا يمكنك أن تفصل الشكر عن نعمة الله، فعندما نقول: «نعمة» قبل أن نتناول

وجبة الطعام فكأننا فعلياً نقول: «دعونا نكون شاكرين».

هناك جزء جميل في (مزمور ٩٥)، يرسم صورة للتقدم الذي يحدث للوصول إلى العبادة، فيبدأ بالهتاف وهو صوت أعلى كثيراً مما تسمح به بعض الكنائس:

«**هَلُمَّ نُرَنِّمُ لِلرَّبِّ، نَهْتِفُ لِصَخْرَةِ خَلاَصِنَا**» (مزمور ٩٥ : ١).

وهذا لا يعني الترنيم بصوت مرتفع، فالهتاف يعني هتاف، أحب هذا، أعتقد أنه لو كان هناك شيء يصعب على الله أن يقبله فهو التسبيح بنصف القلب. يخبرنا الكتاب المقدس: «**عَظِيمٌ هُوَ الرَّبُّ وَحَمِيدٌ جِدًّا**» (مزمور ١٤٥ : ٣)، في الواقع لو أنك غير مستعد لكي تسبح الله تسبيحاً عظيماً، فلا تسبحه البتة.

«**نَتَقَدَّمُ أَمَامَهُ بِحَمْدٍ، وَبِتَرْنِيمَاتٍ نَهْتِفُ لَهُ**» (مزمور ٩٥ : ٢).

لاحظ مرة أخرى أن هناك مستويين للدخول ألا وهما الشكر والتسبيح، ولا يوجد أي طريق آخر للوصول إلى محضر الله، وتقدم لنا الثلاث آيات التالية السبب وراء ضرورة أن نسبح الله ونشكره، فالكتاب المقدس كتاب منطقي للغاية، وهو لا يطلب منا أن نشكر الله ونسبحه وحسب ولكنه يخبرنا بالسبب أيضاً.

«**لأَنَّ الرَّبَّ إِلهٌ عَظِيمٌ، مَلِكٌ كَبِيرٌ (عظيم) عَلَى كُلِّ الآلِهَةِ**» (مزمور ٩٥ : ٣).

تذكر ما قلته أنه بالتسبيح نعترف بعظمة الله، ولهذا فإن كلمة عظيم مستخدمة مرتين، فالرب «**إله عظيم، ملكٌ كبيرٌ (عظيمٌ) على كل الآلهة**»، نعترف بعظمة الله بالهتاف والتهليل والتسبيح، ثم نراه كخالق عظيم:

«**الَّذي بيَدِهِ مَقَاصِيرُ الأَرْضِ، وَخَزَائِنُ الْجِبَالِ لَهُ. الَّذِي لَهُ الْبَحْرُ وَهُوَ صَنَعَهُ، وَيَدَاهُ سَبَكَتَا الْيَابِسَةَ**» (مزمور ٩٥ : ٤ - ٥).

لهذا نأتي له لنشكره ونسبّحه على العجائب التي في خليقته، وهذا هو الطريق الوحيد للدخول إلى محضر الله، وفي آية ٦ نأتي لنعبد، فالتسبيح والشكر هما الطريقة التي نقترب بها لنصل إلى العبادة، ثم نلحظ أنه بمجرد أن نصل إلى العبادة فإنها تتحّول إلى اتجاه

«**هَلُمَّ نَسْجُدُ وَنَرْكَعُ وَنَجْثُو أَمَامَ الرَّبِّ خَالِقِنَا**» (مزمور ٩٥ : ٦).

إن الاستجابة الوحيدة لإعلان قداسة الله هو العبادة

هنا نَمُرُّ من مجرد نطق الكلمات إلى اتجاه القلب، فنبدأ بالتسبيح والشكر ولكن هذا ليس هو الغاية أو الهدف، فعندما يتوقف المؤمنون عند التسبيح والشكر فإنهم بهذا يخطئون الهدف المتمثّل فى العبادة الحقيقية التي تتخطّى مجرد نطق كلمات لتصبح اتجاه قلب.

العبـادة :

عندما تتلامس مع قداسـة الله أو تـدرك أو تحصل على إعلان عن قداسـة الله، فالطريقة الوحيدة المناسـبة للتجاوب مع تلك القداسة هـي العبادة، فبدون هذا الإعـلان لا يمكننا فعلاً أن نعبد الله. يمكننا أن نحضـر خدمة ترانيم ولكن لا يمكننا أن ندخل إلى العبادة إلا إذا حصلنا على هذا الإعلان عن قداسـة الله، ومع ذلك فقد تكون غير كافية ولا يمكن أن نشرح قداسة الله، أو أن نعرفها ، بل الله فقط هو الذي يستطيع أن يعلن لنا قداسته.

هـذا هام للغاية لأنـي أعتقد أنّ كثيـراً من المؤمنـين يعتقدون أن القداسـة هي مجموعة من القواعـد تتعلق بأين يمكنك أن تذهب أو ما يمكنك أن تفعله، أو كيف يمكنك أن تتكلم أو تلبس، ولكن هذه الأمور ليس لها علاقة بالقداسـة، لقد أكّد بولس على القداسـة في الرسالة إلى كولوسي:

«إِذًا إِنْ كُنْتُـمْ قَـدْ مُتُّـمْ مَعَ الْمَسِيحِ عَـنْ أَرْكَانِ الْعَالَمِ، فَلِمَـاذَا كَأَنَّكُمْ عَائِشُـونَ فِي الْعَـالَمِ؟ تُفْرَضُ عَلَيْكُمْ فَرَائِضُ: «لاَ تَمَسَّ! وَلاَ تَذُقْ! وَلاَ تَجُسَّ!» الَّتِي هِيَ جَمِيعُهَا لِلْفَنَاءِ فِي الاسْـتِعْمَالِ، حَسَبَ وَصَايَا وَتَعَالِيمِ النَّاسِ، الَّتِي لَهَا حِكَايَةُ حِكْمَةٍ، بِعِبَادَةٍ نَافِلَةٍ، وَتَوَاضُـعٍ، وَقَهْرِ الْجَسَدِ، لَيْسَ بِقِيمَةٍ مَا مِنْ جِهَةِ إِشْبَاعِ الْبَشَرِيَّةِ» (كولوسي ٢ : ٢٠ ـ ٢٣).

هـذا حقيقـي للغاية ، فكلما ركّـزتَ على الأمـور التي يجب ألا تفعلهـا زادت قوتهـا عليـك ، فتفكر في نفسـك قائـلاً : « لا تفقد أعصابك مهما كان ما تفعله لا تفقد أعصابك » ، فما هو أول شـيء ستفعله بعد ذلك ؟ ستفقد أعصابك لأنك تركز على الشيء الخطأ ، فلا عجب أنّ كثيرين قرروا أنهم لا يريدون أن يفعلوا أي شـئ فيما يتعلق بالقداسة .

نجد في (عبرانيين ١٢) عن تعليم ما يذخره الله كأب لأولاده :

«**لأَنَّ أُولئِكَ أَدَّبُونَا أَيَّامًا قَلِيلَةً حَسَبَ اسْتِحْسَانِهِمْ، وَأَمَّا هذَا فَلأَجْلِ الْمَنْفَعَةِ، لِكَيْ نَشْتَرِكَ فِي قَدَاسَتِهِ**» (عبرانيين ١٢ : ١٠) .

إنّ القداسـة ليسـت قائمة تضم ما يجب أن تفعله وما يجب ألا تفعله ، فالله ليس قدوساً لأن لديه مجموعة من القواعد أمامه يراجع على أساسـها سـلوكه ، فالقواعد ليس لها علاقة بالقداسة الكتابية أو القداسة الإلهية .

صفات الله :

القداسـة هي جوهر طبيعة الله ، فكل شـيء عـن الله هو قدوس ، وهكذا فلكي نفهم معنى القداسـة فلابد وأن نفهم من هو الله ، ومن يشـبه ، اسـمح لي أن أضع الخطوط العريضة على بعض صفات الله التي يذكرها الكتاب المقدس :

الله نور :

«وَهـذَا هُـوَ الْخَـبَرُ الَّذي سَـمِعْنَاهُ مِنْـهُ وَنُخْبِرُكُمْ بِـهِ : إِنَّ اللّه نُورٌ وَلَيْسَ فِيهِ ظُلْمَةٌ الْبَتَّةَ» (١يوحنا ١ : ٥) .

اللهنور ، فهولم يخلق النور أو يرسل النور وحسب ، ولكنه هو نفسه نور .

الله محبة :

«وَمَنْ لاَ يُحِبُّ لَمْ يَعْرِفِ اللّه، لأَنَّ اللّه مَحَبَّةٌ..... وَنَحْنُ قَدْ عَرَفْنَا وَصَدَّقْنَا الْمَحَبَّةَ الَّتِي للّهِ فِينَا. اَللّه مَحَبَّةٌ، وَمَنْ يَثْبُتْ فِي الْمَحَبَّةِ، يَثْبُتْ فِي اللّهِ وَاللّه فِيهِ» (١يوحنا ٤ : ٨، ١٦) .

الله نـور ومحبة ، فهناك دائماً صراع بين النور والمحبة ، النور يمكن أن يخيفك ، أما المحبة فتجذبك ، أعتقد أن هناك صراعاً كهذا يرتبط بعلاقتنا مع الله ، إذ نرغب دائماً في الاقتراب منه ، ولكننا نشعر بعدم الراحة عند الدخول إلى هذا النور الشامل .

الله عادل وديان :

هذا بالتأكيد جزء من طبيعته ، في سفر تثنية أكّد موسى على هذا :

«إِنِّي بِاسْـمِ الرَّبِّ أُنَادِي. أَعْطُوا عَظَمَةً لإِلهِنَا. هُوَ الصَّخْرُ الْكَامِلُ صَـنِيعُهُ. إِنَّ جَمِيعَ سُبُلِهِ عَدْلٌ. إِلهُ أَمَانَةٍ لاَ جَوْرَ فِيهِ. صِدِّيقٌ وَعَادِلٌ هُوَ» (تثنية ٣٢ : ٣- ٤) .

الله ديان لكل الأرض وهو دائماً يفعل ما هو حق

كثيرون يتهمون الله بالظلم فيما يتعلق بحياتهم أو ظروفهم الخاصة، ولكن الكتاب المقدس يقول أنه لا يوجد جَوْرٌ في الله، فهو الله كلي العدل، تأمّل كلمات إبراهيم الواردة في (تكوين ١٨) في دعواه مع الرب لأجل سدوم:

«حَاشَا لَكَ أَنْ تَفْعَلَ مِثْلَ هذَا الأَمْرِ، أَنْ تُمِيتَ الْبَارَّ مَعَ الأَثِيمِ، فَيَكُونُ الْبَارُّ كَالأَثِيمِ. حَاشَا لَكَ! أَدَيَّانُ كُلِّ الأَرْضِ لاَ يَصْنَعُ عَدْلاً؟» (تكوين ١٨ : ٢٥).

هذه هي طبيعة الله، فهو ديان كل الأرض وهو يفعل الصواب دائماً، ولا يوجد فيه جور أو عدم إنصاف، فعادة ما نُجرب بأن نفكر أن الله ظالم، ولكن الكتاب المقدس يعلن بكل وضوح ويؤكد أن هذا بعيد كل البعد عن الحق.

الله غاضب ومنتقم

نادراً ما تُولي المسيحية المعاصرة اهتماماً لهذا الأمر رغم خطورته الشديدة، فإلهنا هو إله غضب وانتقام، ويقدم ناحوم صورة مؤثرة عن هذا الأمر:

«اَلـرَّبُّ إِلهٌ غَيُورٌ وَمُنْتَقـمٌ. الرّبُّ مُنْتَقِمٌ وَذُو سَـخَطٍ. الرّبُّ مُنْتَقِمٌ مِنْ مُبْغِضِيهِ وَحَافِظٌ غَضَبَهُ عَلَى أَعْدَائِهِ» (ناحوم ١ : ٢).

الـرب غاضـب، وهو منتقـم وذو سـخط، هذا جزء مـن طبيعة الله الإلهيـة السـرمدية، فـإن نحّينا هذا الجزء جانبـاً، فإننا لا نقدم صورة حقيقية عن الله، يقدم لنا سـفر الرؤيا لمحة عن دينونة الله التي ستحدث لضد المسيح:

«ثُمَّ تَبِعَهُمَا مَلاَكٌ ثَالِثٌ قَائِلاً بِصَوْتٍ عَظِيمٍ: «إِنْ كَانَ أَحَدٌ يَسْجُدُ لِلْوَحْشِ وَلِصُـورَتِهِ، وَيَقْبَلُ سِـمَتَهُ عَلَى جَبْهَتِهِ أَوْ عَلَى يَدِهِ، فَهُوَ أَيْضـاً سَيَشْـرَبُ مِنْ خَمْرِ غَضَبِ اللهِ الْمَصْبُوبِ صِرْفاً فِي كَأْسِ غَضَبِهِ، وَيُعَذَّبُ بِنَـارٍ وَكِبْرِيـتٍ أَمَامَ الْمَلاَئِكَةِ الْقِدِّيسِـينَ وَأَمَامَ الْحَمَلِ. وَيَصْـعَدُ دُخَانُ عَذَابِهِمْ إِلَى أَبَدِ الآبِدِينَ. وَلاَ تَكُونُ رَاحَةٌ نَهَاراً وَلَيْلاً لِلَّذِينَ يَسْجُدُونَ لِلْوَحْشِ وَلِصُورَتِهِ وَلِكُلِّ مَنْ يَقْبَلُ سِمَةَ اسْمِهِ» (رؤيا ١٤ : ٩- ١١)

«ويعذب ... أمام الحمل»، هذه ليسـت الصـورة المتداولة حالياً عـن يسـوع الهادئ المتضـع الوديع، ولكن هذا جزء من شـخصيته الإلهيـة الأبدية، فالله ديّان، ويعتقد البعض أنّ الله رحيم جداً لدرجة أنه لن يفرض أيَّ عقاب أبدي على أي شـخص، ولكن هذا الاعتقاد ليس كتابياً، والأكثر من هذا أن هذا الاعتقاد في غاية الخطورة.

«لأَنِّي أَشْـهَدُ لِكُلِّ مَنْ يَسْـمَعُ أَقْوَالَ نُبُوَّةِ هذَا الْكِتَابِ: إِنْ كَانَ أَحَدٌ يَزِيـدُ عَلَى هَـذَا يَزِيدُ اللهُ عَلَيْهِ الضَّـرَبَاتِ الْمَكْتُوبَةَ فِي هَـذَا الْكِتَابِ.

وَإِنْ كَانَ أَحَدٌ يَحْذِفُ مِنْ أَقْوَالِ كِتَابِ هَذِهِ النُّبُوَّةِ يَحْذِفُ اللهُ نَصِيبَهُ مِنْ سِفْرِ الْحَيَاةِ، وَمِنَ الْمَدِينَةِ الْمُقَدَّسَةِ، وَمِنَ الْمَكْتُوبِ فِي هَذَا الْكِتَابِ» (رؤيا ٢٢ : ١٨ ـ ١٩)

لو أنه يوجد شـيء مـا مكتوب بمنتهى الوضوح في سـفر الرؤيا فهـو هذا الأمر المتعلق بالدينونة الأبدية، فإننا نصل أحياناً إلى حالة في المجتمع تجعلنا نتساهل مع المجرم أكثر من تعاطفنا مع الضحية، لماذا؟ لأننا لا نريد أن نصدر أحكاماً، فلماذا لا نرغب في إصدار أحكـام؟ أعتقد أننا فـي داخلنا ندرك أنه لـو كان هناك دينونة على شخص آخر فهذا معناه دينونة علينا.

الله رحيم ورؤوف :

إنّ الكلمـة المذكـورة فـي الكتاب المقدس والمترجمـة إلى رؤوف معناهـا «محبـة ثابتة»، وعند دراسـة هذه الصفة توصلـت إلى أنها تعني أنّ الله إله أمين حافظ العهـد» فأمانة الله نحو عهده هي واحدة من أعظم صفاته.

> ## من أعظم صفات الله
> ## أمانته وحفظه لعهده

فـي (مزمـور ٥١) كان داود يصلّي أثناء أزمته الشـديدة عندما كانت نفسه معلّقة في الميزان، وقد كانت هذه هي صلاة التوبة بعد كَشْف أمر خطيته مع بثشبع وقَتْل أوريا.

«**ارْحَمْنِي يَا اَللهُ حَسَبَ رَحْمَتِكَ. حَسَبَ كَثْرَةِ رَأْفَتِكَ امْحُ مَعَاصِيَّ**» (مزمور ٥١ : ١).

حسب رحمتك هي إشارة إلى أمانة الله الحافظ العهد، داود يقول أساساً: «لقد تعهّدت يا الله بأن تغفر إنْ استوفيت أنا الشروط، وأنا آتي إليك على هذا الأساس»، يا له من أمرٍ هام أن نكون قادرين على الاقتراب من الله بناءً على هذا الأساس!، فنجد تلك الفكرة في مزامير أخرى كثيرة أيضاً.

«**هَلِّلُويَا. احْمَدُوا الرَّبَّ لأَنَّهُ صَالِحٌ، لأَنَّ إِلَى الأَبَدِ رَحْمَتَهُ**» (رأفته وأمانته لعهده) (مزمور ١٠٦ : ١).

الله نعمة :

«**فَلْنَتَقَدَّمْ بِثِقَةٍ إِلَى عَرْشِ النِّعْمَةِ لِكَيْ نَنَالَ رَحْمَةً وَنَجِدَ نِعْمَةً عَوْنًا فِي حِينِهِ**» (عبرانيين ٤ : ١٦).

هناك أمران في هذا الجزء لا يمكنك شراؤهما، وهما الرحمة والنعمة. نحن نحتاج أولاً إلى الرحمة ولكن بعدها نحتاج إلى النعمة، ولا يمكن أن نبذل أي مجهود لنحصل على النعمة، يعاني المتدينون من مشكلة حقيقية لأنهم يعتقدون أنّ عليهم أن يحصلوا على كل شيء بجهدهم، وبالتالي لا يميلون إلى اللجوء والاتكال على نعمة الله: «**فَلْنَتَقَدَّمْ بِثِقَةٍ إِلَى عَرْشِ النِّعْمَةِ لِكَيْ نَنَالَ رَحْمَةً**

وَنَجِدَ نِعْمَةً عَوْنًا فِي حِينِهِ» ، نحتاج للرحمة فيما يتعلق بالماضي وللنعمة فيما يتعلق بالمستقبل، فبنعمة الله فقط يمكننا أن نصبح ذلك النوع من الناس الذى يريد الله أن نكونه ونحيا الحياة التي يريدنا أن نحياها.

الله قوّة :

يمتلىء الكتاب المقدس كلّه بشهادات عن قوة الله، دعونا ننظر في مثال واحد في سفر المزامير :

«اَلرَّبُّ قَدْ مَلَكَ. لَبِسَ الْجَلاَلَ. لَبِسَ الرَّبُّ الْقُدْرَةَ، ائْتَزَرَ بِهَا. أَيْضًا تَثَبَّتَتِ الْمَسْكُونَةُ. لاَ تَتَزَعْزَعُ. كُرْسِيُّكَ مُثْبَتَةٌ مُنْذُ الْقِدَمِ. مُنْذُ الأَزَلِ أَنْتَ. رَفَعَتِ الأَنْهَارُ يَا رَبُّ، رَفَعَتِ الأَنْهَارُ صَوْتَهَا. تَرْفَعُ الأَنْهَارُ عَجِيجَهَا. مِنْ أَصْوَاتِ مِيَاهٍ كَثِيرَةٍ، مِنْ غِمَارِ أَمْوَاجِ الْبَحْرِ، الرَّبُّ فِي الْعُلَى أَقْدَرُ» (مزمور ٩٣ : ١ - ٤).

القداسة هي إجمالي طبيعة الله :

دعني ألخّص صفات الله السبع مرة أخرى :

(١) نور	(٢) محبة
(٣) عادل وديان	(٤) غضب ونقمة
(٥) رحمة ورأفة	(٦) نعمة
(٧) قوة	

وأعتقد أن قداسة الله هي كل هذا ، فهي إجمالي طبيعة الله ، فكلمة قدوس هي الكلمة الوحيدة المستخدمة ثلاث مرات عن الله في ذات الجملة في العهد القديم والجديد ، ففي إشعياء يصرخ السّرافيم :

«قُدُّوسٌ، قُدُّوسٌ، قُدُّوسٌ رَبُّ الْجُنُودِ. مَجْدُهُ مِلْءُ كُلِّ الأَرْضِ»
(إشعياء ٦ : ٤)

وفي سفر الرؤيا فإن الكائنات الحية والشيوخ سقطوا وصرخوا :

«قُدُّوسٌ قُدُّوسٌ قُدُّوسٌ، الرَّبُّ الإِلهُ الْقَادِرُ عَلَى كُلِّ شَيْءٍ، الَّذِي كَانَ وَالْكَائِنُ وَالَّذِي يَأْتِي» (رؤيا ٤ : ٨) .

أعتقد أنّ هناك أهمية بالغة في تكرار هذه الكلمة ثلاث مرات ، فاعتقد أن المعنى هو : قدوس الآب ، قدوس الابن ، وقدوس الروح القدس ، ولا يوجد أي شخص آخر قدوس ، فالله متفرّد في قداسته ، ولن نفهم القداسة ولن نصبح شركاء في القداسة إلا إذا اقتربنا من الله .

العبادة هي الطريقة التي نتجاوب بها مع قداسة الله، ومرة أخرى إن لم يكن هناك إعلان عن القداسة، فلن يكون هناك عبادة ، فيمكنك أن تحصل على خدمة ترانيم جميلة ، ويمكنك أن تحصل على تسبيح وشكر ، ولكن لا يمكنك الحصول على العبادة ، لأنه عندما نعرف عمق وسمو قداسة الله فإنّ الاستجابة المناسبة ستكون دائماً هي العبادة .

«ادْخُلوا أَبْوَابَهُ بِحَمْدٍ، دِيَارَهُ بِالتَّسْبِيحِ» (مزمور ١٠٠ : ٤)

نشكر الله لأننا نشعر بالامتنان تجاه ما فعله، وعندما نسبحه فإننا نعترف بعظمته، ولكن ليس هذا هو الهدف، فكثيرون منا يتوقفون عند هذه المرحلة، يجب أن ندخل إلى الديار ولكن ما السبب الذي ندخل لأجله إلى الديار؟ إننا هناك لكي نعبد، فلو أننا توقفنا بعد ترنيمة التسبيح، فربما نكون بهذا قد قضينا وقتاً لطيفاً ولكننا لم نصل فعلاً إلى قلب الله وهدفه، فهناك شيء ما يصرخ رغبةً في المزيد، فنرغب في حضور الرب، ونخضع لكي نكون في اتصال مباشر مع الله الحيّ ولكي نقدم لله الشيء الوحيد الذي يجب أن نقدمه ألا وهو عبادتنا، لهذا دعونا نكمل الرحلة ونسأل الرب إن كان سيمكننا من الدخول لمحضره بالنعمة، لأننا عندما نتواجد في محضره فإننا نبدأ العبادة فعلاً.

الفصل الثاني

استجابتنا المناسبة

يقّدم لنا سفر المزامير صورةً فى غاية الوضوح والجمال عن العبادة الحقيقية، دعونا نرجع مرة أخرى لتلك اللغة الغنية والقوية و في (مزمور ٩٥):

«هَلُمَّ نُرَنِّمُ للرَّبِّ، نَهْتِفُ لِصَخْرَةِ خَلاَصِنَا. نَتَقَدَّمُ أَمَامَهُ بِحَمْدٍ، وَبِتَرْنِيمَاتٍ نَهْتِفُ لَهُ. لأَنَّ الرَّبَّ إِلهٌ عَظِيمٌ، مَلِكٌ كَبِيرٌ عَلَى كُلِّ الآلِهَةِ. الَّذِي بِيَدِهِ مَقَاصِيرُ الأَرْضِ، وَخَزَائِنُ الْجِبَالِ لَهُ. الَّذِي لَهُ الْبَحْرُ وَهُوَ صَنَعَهُ، وَيَدَاهُ سَبَكَتَا الْيَابِسَةَ. هَلُمَّ نَسْجُدُ وَنَرْكَعُ وَنَجْثُو أَمَامَ الرَّبِّ خَالِقِنَا، لأَنَّهُ هُوَ إِلهُنَا، وَنَحْنُ شَعْبُ مَرْعَاهُ وَغَنَمُ يَدِهِ. الْيَوْمَ إِنْ سَمِعْتُمْ صَوْتَهُ» (مزمور ٩٥ : ١ - ٧).

هناك ثلاث مراحل متتالية هنا أودُّ أن نفحصها معاً، أولاً في الآيتين الأولى والثانية لدينا تسبيح وشكر حماسي، "هَلُمَّ نُرَنِّمُ للرَّبِّ، نَهْتِفُ لِصَخْرَةِ خَلاَصِنَا. نَتَقَدَّمُ أَمَامَهُ بِحَمْدٍ، وَبِتَرْنِيمَاتٍ نَهْتِفُ لَهُ"، هذا التسبيح والشكر بهتاف وحماس وصوت مرتفع، هذه مقدمة وبداية.

ثم يقدم لنا كاتب المزامير في الآيات من ثلاثة وحتى خمسة أسباب التسبيح والشكر، وكما تعلمنا بالفعل فإننا نشكر الله على ما يفعله، ونسبّحه بسبب طبيعته. وقد ظهر هذان السببان بوضوح في الآية الثالثة «**لأَنَّ الرَّبَّ إلهٌ عَظِيمٌ**»، ونجد سفر المزامير يذكر أيضاً: «**عَظِيمٌ هُوَ الرَّبُّ وَحَمِيدٌ جِدًا، وَلَيْسَ لِعَظَمَتِه اسْتِقْصَاءٌ**» (مزمور ١٤٥ : ٣)، فلابد وأنّ التسبيح مرتبط بعظمة الله. ويذكرنا مزمور ٩٥ بما فعله الله: «**الَّذِي لَهُ الْبَحْرُ وَهُوَ صَنَعَهُ، وَيَدَاهُ سَبَكَتَا الْيَابِسَةَ**» (مزمور ٩٥ : ٥).

عندما نأتي لله بهذه الطريقة بتسبيح وشكر، فإننا بهذا نركّز نظرنا على الله، وهذا أمر هام وجوهري للغاية وأساسي بالنسبة للعبادة لأن العدو الأعظم للعبادة هو التركيز على الذات، وطالما أننا منحصرون في أنفسنا وفي مشكلاتنا وفي الأشياء التي تحدث من حولنا، فلسنا في وضع يسمح لنا بعبادة الله.

العدو الأعظم للعبادة
هو التركيز على الذات

كما ذكرت في الفصل السابق فإننا نجد المرحلة الثالثة في الآيتين السادسة والسابعة، حيث يعبّر عن العبادة بالاتجاه:

«**هَلُمَّ نَسْجُدُ وَنَرْكَعُ وَنَجْثُو أَمَامَ الرَّبِّ خَالِقِنَا، لأَنَّهُ هُوَ إِلهُنَا**» (مزمور ٩٥ : ٦).

دعني أشــير إلى أمرين في هذه الآيات ، أولاً وقبل كل شــيء فإن العبادة تخصّصنا وتكرّسنا بصفتنا شعب الله ، فالسبب المذكور هنا للعبادة هو : "لأَنَّهُ هُوَ إِلهُنَا ، وَنَحْنُ شَعْبُ مَرْعَاهُ" (مزمور ٩٥ : ٧) . فإننـــا نعلــن بعبادتنا لله ، ومن خــلال هذا التصرف ، مــن هو إلهنا ، فالشــخص الذي نعبده حتماً هو إلهنا ، وكما سأشــير فيما بعد إلى إن هذا هو سبب الأهمية القصوى أن نعبده ولا نعبد سواه ، فالعبادة تخصصنا وتكرّسنا كشعب لله .

ثانياً : العبادة هي الاســتجابة المناســبة لمحبة الله الرقيقة واهتمامه بنا : «وَنَحْنُ شَعْبُ مَرْعَاهُ وَغَنَمُ يَدِهِ» (مزمور ٩٥ : ٧) .

نتائج العبادة :

أود أن أســتمر مــع (مزمور ٩٥) لأصل إلى مــا أعتقد أنه يصف نتيجتين للعبادة ، بالإضافة إلى الثمن الذى ندفعه نتيجة الفشــل في العبادة :

«**الْيَوْمَ إِنْ سَــمِعْتُمْ صَوْتَهُ، فَلاَ تُقَسُّــوا قُلُوبَكُمْ، كَمَا فِي مَرِيبَةَ، مِثْلَ يَوْمِ مَسَّةَ فِي الْبَرِّيَّةِ، حَيْثُ جَرَّبَنِي آبَاؤُكُمُ. اخْتَبَرُونِي. أَبْصَرُوا أَيْضًا فِعْلِي. أَرْبَعِينَ سَــنَةً مَقَتُّ ذلِكَ الْجِيلَ، وَقُلْتُ : «هُمْ شَــعْبٌ ضَــالٌّ قَلْبُهُمْ، وَهُمْ لَمْ يَعْرِفُوا سُبُلِي». فَأَقْسَمْتُ فِي غَضَبِي : «لاَ يَدْخُلُونَ رَاحَتِي**»

(مزمور ٩٥ : ٧ - ١١) .

هنا نرى نتيجتين للعبادة الحقيقية وللانحناء والركوع في محضر الرب، أولاً نسمع صوت الله، فنجتاز مرحلة التسبيح والهتاف والشكر إلى مرحلة الراحة الداخلية والطمأنينة والهدوء حيث أن كلّ شيء هادىء ومريح، حيث نكون ساكنين في حضور الله. وباتجاه العبادة هذا يمكننا أن نسمع صوت الله بطريقة لن نسمعه بها عندما نركّز على أنفسنا وعلى مشكلاتنا وارتباكنا، فمن الأمور الجوهرية المتعلقة بالعبادة التركيز على الرب والابتعاد عن أنفسنا، فيبدو كما لو أننا ندمج هويتنا في هويته.

بالعبادة فإننا نعلن من هو إلهنا

من الهام للغاية أن نكون قادرين على سماع صوت الله، فقد أعلن الله لشعبه في إرميا:

«**بَلْ إِنَّمَا أَوْصَيْتُهُمْ بِهَذَا الأَمْرِ: اسْمَعُوا** (اطيعوا) **صَوْتِي فَأَكُونَ لَكُمْ إِلَهاً**» (إرميا ٧ : ٢٣).

هذا أبسط ما يطلبه الله منا، «**اسْمَعُوا صَوْتِي فَأَكُونَ لَكُمْ إِلَهاً**»، يسرد سفر (التثنية ٢٨) كل بركات الطاعة وكل لعنات العصيان، فتبدأ البركات بـ: «**وَإِنْ سَمِعْتَ سَمْعاً لِصَوْتِ الرَّبِّ إِلهِكَ لِتَحْرِصَ أَنْ تَعْمَلَ بِجَمِيعِ وَصَايَاهُ الَّتِي أَنَا أُوصِيكَ بِهَا اليَوْمَ يَجْعَلُكَ الرَّبُّ إِلهُكَ**

مُسْتَعْلِياً عَلى جَمِيعِ قَبَائِلِ الأَرْضِ وَتَأْتِي عَلَيْكَ جَمِيعُ هَذِهِ البَرَكَاتِ وَتُدْرِكُكَ إِذَا سَمِعْتَ لِصَوْتِ الرَّبِّ إِلهِكَ» (تثنية ٢٨ : ١ ـ ٢) ، وتبدأ اللعنات بـ : " **«وَلكِنْ إِنْ لمْ تَسْمَعْ لِصَوْتِ الرَّبِّ إِلهِكَ لِتَحْرِصَ أَنْ تَعْمَل بِجَمِيعِ وَصَايَاهُ وَفَرَائِضِهِ التِي أَنَا أُوصِيكَ بِهَا اليَوْمَ تَأْتِي عَليْكَ جَمِيعُ هَذِهِ اللعْنَاتِ وَتُدْرِكُكَ»** (تثنية ٢٨ : ١٥) . إن الحدّ الفاصل هو إذا ما كنت تسمع أو لا تسمع لصوت الرب .

لا يمكنك أن تتبع يسوع إن لم تسمع صوته

أتمنى ألاّ تُصدَم حين تعرف أنه ليس كافياً أن تقرأ الكتاب المقدس قراءة عادية ، ففي يوحنا يخبرنا الكتاب المقدس : **«خِرَافِي تَسْمَعُ صَوْتِي وَأَنَا أَعْرِفُهَا فَتَتْبَعُنِي»** (يوحنا ١٠ : ٢٧) ، فلا يمكنك أن تتبع يسوع إن لم تسمع صوته ، إنّه لأمر جيد أن تقرأ الكتاب المقدس ، ولكن يُمكنّ أن تفعل هذا دون أن تسمع صوت الرب ، وأعتقد أنّ العبادة هي الطريقة التي وضعها الله لكي نصل إلى هذا الاتجاه والعلاقة حيث يمكننا أن نكون قادرين فعلاً على سماع صوت الله .

أما النتيجة الثانية فهي أننا ندخل إلى راحته ، فالعبادة وسماع صوت الله يأتي بنا إلى الراحة ، التى لن تكون ممكنة بأي طريقة أخرى ، فهؤلاء الذين يعرفون كيف يعبدون هم الذين يمكنهم وحدهم فعلاً أن يتمتعوا براحته ، (الراحة نادرة جداً بين الناس حالياً ، فغالبيتهم

يعانون من التوتر ويفتقدون الإحساس بالراحة) :

«إذاً بَقِيَتْ رَاحَةٌ لِشَعْبِ اللهِ! لأَنَّ الَّذِي دَخَلَ رَاحَتَهُ اسْتَرَاحَ هُوَ أَيْضاً مِنْ أَعْمَالِهِ، كَمَا اللهُ مِنْ أَعْمَالِهِ. فَلْنَجْتَهِدْ أَنْ نَدْخُلَ تِلْكَ الرَّاحَةَ، لِئَلاَّ يَسْقُطَ أَحَدٌ فِي عِبْرَةِ الْعِصْيَانِ هَذِهِ عَيْنِهَا»

(عبرانيين ٤ : ٩ - ١١) .

دعونا نفكر للحظة في مسألة سبت الراحة ، أنا لا أعظ عن الجانب المتعلق بالشريعة ، ولا أعتقد أن المؤمنين هم تحت ناموس موسى ، وفي رومية يذكرنا الله : **«لأَنَّ غَايَةَ النَّامُوسِ هِيَ: الْمَسِيحُ لِلْبِرِّ لِكُلِّ مَنْ يُؤْمِنُ»** (رومية ١٠ : ٤) ، فقد وضع موت المسيح نهاية للناموس ، كوسيلة للحصول على الخلاص وليس في الجوانب الأخرى المتعلقة بالسبت ، فلن نحصل على البر بحفظ ناموس موسى ولهذا فأنا شخصياً لا أعتقد أنه مطلوب من المؤمنين أن يحفظوا السبت كما يفعل الشعب اليهودي .

بالإضافة إلى هذا فلو أمكنك أن تقنعني أن الأحد كان هو يوم السبت أي يوم الراحة (السبت هو اليوم السابع في الأسبوع ، في حين أن يوم الأحد هو أول يوم في الأسبوع) فإننا بهذا جميعاً نكسر يوم السبت بطريقة مزعجة ، وفي السبت غير مسموح لك أن تضيء أي نوع من النيران ، أو أن تضيء النور أو أن تدير مفتاح

الفــرن ، أو أن تســافر أكثــر من الحّد الأدنى من المســافة ، فيكســر معظمنا السبت بمجرد الذهاب إلى الكنيسة !

ولكــن الكتــاب المقــدس يقــول : "إذا بقيــت راحة لشــعب الله" (عبرانيين ٤ : ٩) ، فقد بدأت أؤمن بأنني لا أرضي الله لو أنني كنت مشغولاً طوال أيام الأسبوع السبعة .

فأوّل شــيء يقّدســه الرب هو الوقت ، فقد قدَّس اليوم الســابع ، وقبل أن يقّدس أيَّ مكان أو أيَّ شــئ آخر فإنه يقّدس الوقت . أعتقد أنَّ الوقــت ما زال بحاجة إلــى تقديس ، قال الرب لإســرائيل : "كل ســبع ســنوات تترك ســنة لا تزرع خلالها شــيئاً" على ســبيل المثال انظــر (خــروج ٢٣ : ١١) ، هل تعــرف ما هذا ؟ إنــه امتحان إيمان ، ماذا ســنأكل يا الله ؟ "ســأهتم بهــذا ، ولكن عليــك أن تترك الأرض لتســتريح" ، وقد فشل إســرائيل ، فلم يفعلوا هذا ، وبعد مضي عدة قرون قال الله : "حســناً ، لم تريح أرضكم ، وسأغير هذا ، فستذهبون إلى السبي ، وسأعّوض عن كل أيام السبت التي لم تحفظوها" .

أعتقد أن الله يتعامل مع المؤمنين بنفس الطريقة أيضاً ، فهناك البعض الذين لا يرتاحون أسبوعاً بعد الآخر ، ويوماً تلو الآخر ، يعملون بنفس الأســلوب ولا يخصصون وقتاً لله ، حتماً سيكون عليهم أن يعوّضوا عن كل أيام الســبت التي لم يرتاحوا فيها بقضائها في المستشــفى .

لهذا أسألك : هل تعلم ما معنى الراحة ؟ هل أنت قادرٌ على أن تدرّبَ نفسك لكي تتوقف عن فعل الأشياء أو حتى التفكير فيها ؟ هل يمكنك أن تسترخي وتتوقف عن التفكير فيما يجب أن تفعله ؟ أخشى أن كثيرين منا لا يعرفون معنى الراحة .

كان هذا أمراً جديداً بالنسبة لي أن أتعلم عن العبادة وعن الراحة ، وقد وجدت أنهما مرتبطان جداً ببعضهما البعض ، أؤمن بأن أشكر الله وأسّبحه بصوت مرتفع مع الرقص والتصفيق والغناء ، ولكن يأتي وقت عندما نحتاج أن ننحني ونهدأ . واليوم إن كنت ستسمع لصوته فلا تقسّي قلبك ، ولا تفقد راحته .

نتائج الفشل في العبادة :

فشل شعب إسرائيل في قبول دعوة الله للعبادة ، فإذا عدنا وألقينا نظرة على (مزمور ٩٥) فسنرى نتائج فشلهم :

«الْيَوْمَ إِنْ سَمِعْتُمْ صَوْتَهُ، فَلاَ تُقَسُّوا قُلُوبَكُمْ، كَمَا فِي مَرِيبَةَ، مِثْلَ يَوْمِ مَسَّةَ فِي الْبَرِّيَّةِ، حَيْثُ جَرَّبَنِي آبَاؤُكُمْ. اخْتَبَرُونِي. أَبْصَرُوا أَيْضاً فِعْلِي. أَرْبَعِينَ سَنَةً مَقَتُّ ذلِكَ الْجِيلَ، وَقُلْتُ: «هُمْ شَعْبٌ ضَالٌّ قَلْبُهُمْ، وَهُمْ لَمْ يَعْرِفُوا سُبُلِي. فَأَقْسَمْتُ فِي غَضَبِي لاَ يَدْخُلُونَ رَاحَتِي»

(مزمور ٩٥ : ٧ - ١١) .

ما هي نتائج فشل إسرائيل في العبادة؟ أولاً: قلوبهم تَقَسَّت، ثانياً: لم يسمعوا صوت الله، ثالثاً: أغضبوا الله، رابعاً: أنهم لم يدخلوا إلى راحته التي كان قد أعدّها لهم، وفشلوا في أن يتبعوا خطوات التسبيح والشكر التي تقودنا إلى السجود والركوع وهو اتجاه الهدوء والطمأنينة المتَّسِمة بالمهابة أمام الله حيث يمكننا أن نسمع صوته وبها ندخل إلى راحته التي أعدّها لنا.

في (١ملوك ١٩) يسجل لنا الكتاب المقدس أن إيليا كان هارباً من إيزابيل، فقد لجأ إلى الصحراء وبعدها قطع رحلة طويلة إلى جبل حوريب، وهو المكان الذى قطع الله فيه عهده مع بني إسرائيل أساساً. وعندما كان إيليا على جبل حوريب وتحدث الرب معه ومر إيليا بعدة اختبارات قبل أن يحصل على إعلان جديد من الرب:

«فَقَالَ: اخْرُجْ وَقِفْ عَلَى الْجَبَلِ أَمَامَ الرَّبِّ. وَإِذَا بِالرَّبِّ عَابِرٌ وَرِيحٌ عَظِيمَةٌ وَشَدِيدَةٌ قَدْ شَقَّتِ الْجِبَالَ وَكَسَّرَتِ الصُّخُورَ أَمَامَ الرَّبِّ، وَلَمْ يَكُنِ الرَّبُّ فِي الرِّيحِ. وَبَعْدَ الرِّيحِ زَلْزَلَةٌ، وَلَمْ يَكُنِ الرَّبُّ فِي الزَّلْزَلَةِ. ١٢وَبَعْدَ الزَّلْزَلَةِ نَارٌ، وَلَمْ يَكُنِ الرَّبُّ فِي النَّارِ» (١ملوك ١٩ : ١١-١٢).

هذا ما أدعوه مقّدمة للعبادة، الريح والزلزلة والنار، مثل تلك الضوضاء والإثارة الهائلة والعجيبة لكنّها ليست عبادة.

«وَبَعْدَ النَّارِ صَوْتٌ مُنْخَفِضٌ خَفِيفٌ» (١ملوك ١٩ : ١٢).

تخبرنا الترجمة الموسعة : «صوت وديع وهادئ» هذا ما أريدك أن تربطه بالعبادة : إنّه صوت وديع وهادئ :

«**فَلَمَّا سَمِعَ إِيلِيَّا لَفَّ وَجْهَهُ بِرِدَائِه**» (١ملوك ١٩ : ١٣) .

ما هذا؟ إنها العبادة ، فكما يرسم لنا الكتاب المقدس صورة الملائكة والسرافيم وهم يغطون وجوههم وأرجلهم بأجنحتهم في محضر الله هكذا فعل إيليا وغطّى وجهه .

"فلما سمع إيليا لفّ وجهه بردائه وخرج ووقف في باب المغارة وإذا بصوت إليه يقول ما لك ههنا يا إيليا" (١ملوك ١٩ : ١٣) .

أتى إيليا إلى مكان الهدوء والمهابة في محضر الله حيث يمكن لله أن يتحدث معه ، ومع وجود هذا الاتّجاه سمع إيليا همْس الله ، الذي لم يكن قادراً على سماعه بأيّة طريقة أخرى ، ومن خلال سماع صوت الله حصل إيليا على توجيهات وعلى قوة جديدة وهذا ما ستعرفه عندما تستكمل قراءة القصة ، ومضى في طريقه رجلاً جديداً له هدف جديد وإيمان جديد ، وشجاعة جديدة ، فقد دخل إلى راحته من خلال العبادة .

الفصل الثالث

بالروح والحق

فــى حديثــه مع المرأة الســامرية علــى البئر ،أخبرنا يســوع أن حالة القلــب وحدها هي التي تجعل عبادتنا مقبولة. فقد بدأت الســامرية فــى الحديــث عــن الادّعــاءات الخاصة بالمنافســة مــا بين أورشــليم والســامرة كمراكــز للعبــادة، ولكــن عندما أخذت تلــك المرأة في مناقشــة الادعاءات الخاصة بالمواقع الجغرافية الملموسة، حّول يسوع الحديث إلى اتّجاه جديد غير متوقع.

«قَــالَ لَهَا يَسُــوعُ: «يَا امْرَأَةُ، صَــدِّقِينِي أَنَّهُ تَأْتِي سَــاعَةٌ، لاَ فِي هذَا الْجَبَلِ، وَلاَ فِي أُورُشَلِيمَ تَسْجُدُونَ لِلآبِ. أَنْتُمْ تَسْجُدُونَ لِمَا لَسْتُمْ تَعْلَمُونَ، أَمَّا نَحْنُ فَنَسْجُدُ لِمَا نَعْلَمُ. لأَنَّ الْخَلاَصَ هُوَ مِنَ الْيَهُودِ. وَلكِنْ تَأْتِي سَاعَةٌ، وَهِيَ الآنَ، حِينَ السَّاجِدُونَ الْحَقِيقِيُّونَ يَسْجُدُونَ لِلآبِ بِالرُّوحِ وَالْحَقِّ، لأَنَّ الآبَ طَالِبٌ مِثْلَ هؤُلاَءِ السَّاجِدِينَ لَهُ. اَللهُ رُوحٌ. وَالَّذِينَ يَسْجُدُونَ لَهُ فَبِالرُّوحِ وَالْحَقِّ يَنْبَغِي أَنْ يَسْجُدُوا» (يوحنــا ٤ :٢١-٢٤).

كانت كلمات يســوع لتلــك المرأة كلمات نبويــة، ففي غضون مائة ســنة من هذا الحديث دُمّر هيكل أورشــليم وأصبح مســتحيلاً

على اليهـود أن يعبـدوا هنـاك ، ولكن قبل أن يُدَمّر الهيكل صنع الله بديـلاً لشـعبه لكـي يعبـدوه ، فقد حـول المتطلبات مـن وجود موقع مادي ملموس إلى حالة روحية ، فالحالة الروحية التي أعلنها يسوع هي : «بالروح والحق» .

يطلب الله عابدين وساجدين من هذا النوع فعلاً ، وبالنسبـة لي فإن هذا هو أحد الأقوال العجيبة والمثيرة في الكتاب المقدس إذ أن الله القدير يطلب أناساً ليعبدوه ، قال يسوع : «لأَنَّ الآبَ طَالِبٌ مِثْلَ هؤُلاَءِ السَّاجِدِينَ لَهُ» ، هذا النوع من الناس الذين يسجدون بالروح والحق .

الله القدير يطلب أناساً ليعبدوه

دعونـا نلقي نظرة علـى هذين الشـرطين الداخليـين الروحيين اللذين ذكرهما يسوع ، وأود أن أبدأ بالمطلب الأخير : «الحق» .

العبادة «بالحق» :

يقـدم لنا سـفر الرؤيـا قائمة بمن سـيتم استبعادهم نهائياً من محضر الله .

«وَأَمَّا الْخَائِفُونَ وَغَيْرُ الْمُؤْمِنِينَ وَالرَّجِسُونَ وَالْقَاتِلُونَ وَالزُّنَاةُ وَالسَّحَرَةُ وَعَبَدَةُ الأَوْثَانِ وَجَمِيعُ الْكَذَبَةِ فَنَصِيبُهُمْ فِي الْبُحَيْرَةِ الْمُتَّقِدَةِ بِنَارٍ وَكِبْرِيتٍ، الَّذِي هُوَ الْمَوْتُ الثَّانِي» (رؤيا ٢١ : ٨) .

لاحـظ آخر بند فـي هـذه القائمة : «جميـع الكذبـة» ، لا يمكن للكذابـين أن يدخلوا إلى محضر الله القديـر ، ولهذا علينا أن نعبده بالحق ، وهناك مثال حيّ وواضح عن هذا في قصة حنانيا وسفيرة في (أعمـال ٥) ، فقد باعا قطعـة أرض وقدما تقدمة مما باعاه ووضعاها عند أقدام الرسـل ، وللأسـف فإنّ تلك التقدمة لم تكن هي إجماليّ سعر الأرض كما قالا ، فقد احتفظا بجزء من المبلغ ، وقد كلفهما هذا حياتهما ، فسـقطا على الأرض ميتـين أحدهما تلو الآخر في حضور الله انظـر (أعمـال ٥ : ١ - ١١) ، هل هناك أيّ تحذير أوضح من هذا لنا على أنّ الكذب وعدم الأمانة لا يمكن أن يعاينا حضور الله ؟

مرة أخرى في رسالة يوحنا الأولى يقول الرسول يوحنا :

«وَهـذَا هُـوَ الْخَـبَرُ الَّذِي سَـمِعْنَاهُ مِنْـهُ وَنُخْبِرُكُمْ بِـهِ : إِنَّ اللهَ نُورٌ وَلَيْسَ فِيهِ ظُلْمَةٌ الْبَتَّةَ. إِنْ قُلْنَا : إِنَّ لَنَا شَرِكَةً مَعَهُ وَسَلَكْنَا فِي الظُّلْمَةِ، نَكْذِبُ وَلَسْنَا نَعْمَلُ الْحَقَّ» (١ يوحنا ١ : ٥ - ٦) .

عندما نأتي لله ، فإننا نأتي إلى النور ، فلا يوجد أي مجال للظلمة أو للتحفظات أو لعدم الأمانة ، فلابد وأن يكون كل شـئ مكشـوفاً تماماً ، لاحظ عبارة : «لنا شـركة معه» ، فالشـركة والعبادة يسـيران جنبـاً إلـى جنب معاً فـكلاً من الشـركة والعبادة يتطلبـان إخلاصاً واضحة أمانة لا تتزعزع ، فيجب أن نعبد الله «بالحق» .

العبادة بالروح :

يجب أن نفهم الصورة التي يقدمها الكتاب المقدس للكيان الإنساني لكي ندرك معنى عبادة الله بالروح ، فوفقاً للكتاب المقدس يتكون الإنسان من ثلاثة عناصر متصلة ومرتبطة ببعضها البعض وهي الروح والنفس والجسد ، وهذه هي الصورة التي نأخذها من صلاة الرسول بولس لأهل كنيسة تسالونيكي :

«وَإِلهُ السَّلاَمِ نَفْسُهُ يُقَدِّسُكُمْ بِالتَّمَامِ. وَلْتُحْفَظْ رُوحُكُمْ وَنَفْسُكُمْ وَجَسَدُكُمْ كَامِلَةً بِلاَ لَوْمٍ عِنْدَ مَجِيءِ رَبِّنَا يَسُوعَ الْمَسِيحِ» (١ تسالونيكي ٥ : ٢٣).

نعلم ما هو الجسد ، أمّا النفس فهي الذات وهي الصفة التي تقول : «أنا سأفعل» أو «لن أفعل» و «أعتقد» أو «لا أعتقد» وعادة ما تُعرّف النفس بأنها تتكون من ثلاثة مجالات : الإرادة والذهن والمشاعر ، ويعبر الإنسان عن هذه المجالات الثلاثة بثلاث عبارات بسيطة وهي : «أريد» ، «أعتقد» ، و«أشعر» ، وهذه صورة بسيطة ولكني أعتقد أنها معبرة للغاية عن النفس في الإنسان .

ولكن ليس للروح بل سوى وظيفة واحدة سامية وهي الاتصال بالله ، فلا النفس ولا الجسد هما اللذان يجب أن يعبدا الله بل الروح ، ولا يمكننا أن نفهم العبادة فعلاً إلا إذا فهمنا الوظائف والعلاقات المتداخلة بين هذه العناصر الثلاثة .

ولكن ليس للروح سوى وظيفة واحدة سامية وهي الاتصال بالله

قال داود في (مزمور ١٠٣): «بَارِكِي يَا نَفْسِي الرَّبَّ» (آية ١)، ماذا أو من كان يتحدث إلى نفس داود؟ لم تكن نفسه تتحدث لنفسها، لهذا من الذي يخبر نفس داود: «باركي الرب»؟ أنها روح داود، فروحه كانت مشتعلة لأنها كانت في اتصال مع الله، وكانت روحه تقول: «لابد وأن نفعل شيئاً تجاه هذا، لا تجلس هكذا مكانك، افعل شيئاً، اشتعل، وبارك الرب». فالنفس هي ناقل الحركة في الشخصية، والنفس هي التي تتخذ القرارات، ثم تأمر الجسد بأن يتحرك، هذا هو ترتيب الأشياء، الروح تتعامل مع النفس، ثم تتعامل النفس مع الجسد.

دعونا ننظر مرة أخرى للحظة في قصة خلق الإنسان كما يسجلها لنا سفر التكوين الأصحاح الثاني:

«**وَجَبَلَ الرَّبُّ الإِلهُ آدَمَ تُرَابًا مِنَ الأَرْضِ، وَنَفَخَ فِي أَنْفِهِ نَسَمَةَ حَيَاةٍ. فَصَارَ آدَمُ نَفْسًا حَيَّةً**» (تكوين ٢ : ٧).

هناك مصدران أساسيان لشخصية الإنسان، أحداهما من فوق،

والآخر من أسفل، فمن فوق هناك النسمة، أي روح الرب التى نفخها في الإنسان، أما الذي من أسفل فهو طبيعة الإنسان الجسدية أي جسده المصنوع من الطين، ينتج عن اتحاد الروح والطين نفس حية، شخصية إنسانية تتكون من روح ونفس وجسد.

لكن عندما أخطأ الإنسان وتمرد على الله، فقد انقطعت روحه عن الشركة مع الله وأصبح ميتاً بالنسبة لله، لهذا كان الإنسان وفقاً لمصطلحات الكتاب المقدس: «**أَمْوَاتًا بِالذُّنُوبِ وَالْخَطَايَا**» (أفسس ٢ : ١).

عندما يرجع الإنسان إلى الله في توبة وإيمان، من خلال الولادة الجديدة، تتجدد روحه وتصبح قادرة على استرداد شركتها مع الله، ومرة أخرى نرى المبدأ الخاص بأن الشركة والعبادة مرتبطان ببعضهما البعض، ولكن علينا أن نفهم أن روح الإنسان، وليس نفسه ولا جسده هي القادرة على الشركة المباشرة مع الله.

لهذا فمن خلال الروح المولودة ثانية يمكن للإنسان أن يدخل في علاقة مباشرة مع الله، شخصاً لشخص وروحاً لروح، قال يسوع: «**اَللهُ رُوحٌ. وَالَّذِينَ يَسْجُدُونَ لَهُ فَبِالرُّوحِ...**» (يوحنا ٤ : ٢٤)، إن نفس العنصر الذي نفخه الله في شخصية الإنسان هو فقط الذي يأتي من الله، والروح هي القادرة على الدخول في علاقة مباشرة مع الله وعبادة الله «بالروح».

اقرأ كلمات الرسول بولس :

«**أَمْ لَسْتُمْ تَعْلَمُونَ أَنَّ مَنِ الْتَصَقَ بِزَانِيَةٍ هُوَ جَسَدٌ وَاحِدٌ؟ لأَنَّهُ يَقُولُ: «يَكُونُ الاثْنَانِ جَسَدًا وَاحِدًا». وَأَمَّا مَنِ الْتَصَقَ بِالرَّبِّ فَهُوَ رُوحٌ وَاحِدٌ**» (١ كورنثوس ٦ : ١٦ - ١٧) .

يتحدث بولس عن أسلوبين مختلفين لاتحاد شخصٍ بآخر ، أحدهما هو الأسلوب الجسدي وهو الاتحاد من خلال الجنس ، أي رجل بامرأة ، أما الآخر فهو الأسلوب الروحي وهو الاتحاد الروحي ، أي روح الإنسان بروح الله ، وهذه صورة عجيبة ولكنها واضحة للغاية . فمثلما يمكن للرجل أن يدخل في علاقة حميمة مع المرأة من الناحية الجسدية وذلك من خلال العلاقة الجنسية ، هكذا يمكن للمؤمن أن يدخل في علاقة مع الرب روحياً من خلال شركة العبادة ، وهذا معناه أن يعبد الله بالروح ، فالعبادة هي شركة مع الله ، وهي شركة حميمة مع الله ، وهي اتحاد مباشر مع الله .

العبادة هي شركة حميمة مع الله
واتحاد مباشر معه

فلا يمكن لنفس الإنسان ولا جسده أن يفعلا هذا ، فروح الإنسان فقط هي القادرة على الدخول في كل تلك العلاقات الفريدة والثمينة جداً مع الله ، و هي علاقة الوحدة والشركة التي تأتي من

خلال العبادة، فهذا هو أسمى نشاط يستطيع الإنسان القيام به إذ يعبد الله بالروح والحق.

يجب أن نضع شخصيتنا بالكامل في توافق مع الله ونتجاوب معه بالطريقة التي يريدها فلابد وأن تعمل روحك في نفسك لكي يتحرك جسدك فهكذا تعمل الأمور، وبالتالي عندما تريد روحك أن تعبد الله، لا يمكنها أن تفعل الكثير بدون تعاون النفس والجسد، والروح التي لا يمكنها أن تعبد الله لأن النفس والجسد لا يتعاونان هي روح محبوسة، فالجسد بالنسبة لهذه الروح سجن مغلق غير قادر على التجاوب.

هذه هي مشكلة الكثير من المؤمنين، إذ نقدم لهم كلمة الله ولكننا نعطيهم صورة منقوصة عن الكنيسة والعبادة، لهذا فعندما يختبر الناس شيئاً حقيقياً يشعرون بأنهم غرباء لأنهم لم يعتادوا التعامل مع ما هو حقيقي.

لحسن الحظ أنّ الله قدم لنا خريطة طريق لكافة أنواع العبادة، فقد أعطانا نموذجاً لكي نتبعه ليقودنا إلى العبادة وبالتالي إلى محضره، وهذا النموذج هو خيمة الاجتماع.

الفصل الرابع

جسدك .. طُهِّر بالدم والماء

تُعَدُّ خيمة موسى واحدة من أكثر الظواهر البارزة في الكتاب المقدس، وهى تدهشني دائماً، فهي موصوفة أساساً في سفر الخروج في الإِصحاحات من الخامس والعشرين وحتى الثلاثين ومن الخامس والثلاثين وحتى الأربعين، ويخصص أن الله ما يقرب من اثني عشر أصحاحاً في سفر الخروج لخيمة الاجتماع يُعَدُّ مؤثراً قويّا عليَّ وأن لخيمة الاجتماع أهمية كبيرة.

في كل مرة أدرس فيها خيمة الاجتماع أشعر برغبة عميقة في القداسة وفي الشركة مع الله، فهذه هي النتيجة التي أخرج بها من الدراسة وإنّي لمتأكد أنها واحدة من الأغراض الأساسية التي لأجلها ذُكِرت خيمة الاجتماع في الكتاب المقدس.

الطريق إلى الأقداس

إنّ الطريق إلى الكمال والنُّضُوج والشبع هو الطريق إلى الأقداس والذي أَوضَحَتْ الرسالة إلى العبرانيين معانيه بطريقة مختلفة عن أي سفر آخر في العهد الجديد، فنرى هنا أنه أمر كتابي أن نستخدم

خيمة الاجتماع كنموذج لطلب الله . في الواقع أن عبارة « أَنَّ طَرِيقَ الأَقْدَاسِ» (عبرانيـين ٩ : ٨) ، هي عبارة مأخوذة من نمط أو نموذج خيمة الاجتماع .

«فَإِنَّهُ لَوْ كَانَ عَلَى الأَرْضِ لَمَا كَانَ كَاهِنًا، إِذْ يُوجَدُ الْكَهَنَةُ الَّذِينَ يُقَدِّمُونَ قَرَابِينَ حَسَبَ النَّامُوسِ، الَّذِينَ يَخْدِمُونَ شِبْهَ السَّمَاوِيَّاتِ وَظِلَّهَا، كَمَا أُوحِيَ إِلَى مُوسَى وَهُوَ مُزْمِعٌ أَنْ يَصْنَعَ الْمَسْكَنَ. لأَنَّهُ قَالَ : «انْظُرْ أَنْ تَصْنَعَ كُلَّ شَيْءٍ حَسَبَ الْمِثَالِ الَّذِي أُظْهِرَ لَكَ فِي الْجَبَلِ» (عبرانيين ٨ : ٤ - ٥) .

فهناك في الآية الخامسة نجد الكلمات التي تشير إلى أن خيمة الاجتماع هي المثال الموضوع أمامنا أو «كل شيء حسب المثال» أنه واقع ملموس يعكس حقيقة روحية بسيطة ، ثم نجده يذكر في (عبرانيين ٩) مرة أخرى :

«فَكَانَ يَلْزَمُ أَنَّ أَمْثِلَةَ الأَشْيَاءِ الَّتِي فِي السَّمَاوَاتِ تُطَهَّرُ بِهذِهِ، وَأَمَّا السَّمَاوِيَّاتُ عَيْنُهَا، فَبِذَبَائِحَ أَفْضَلَ مِنْ هذِهِ. لأَنَّ الْمَسِيحَ لَمْ يَدْخُلْ إِلَى أَقْدَاسٍ مَصْنُوعَةٍ بِيَدٍ أَشْبَاهِ الْحَقِيقِيَّةِ، بَلْ إِلَى السَّمَاءِ عَيْنِهَا، لِيَظْهَرَ الآنَ أَمَامَ وَجْهِ اللهِ لأَجْلِنَا» (عبرانيين ٩ : ٢٣ - ٢٤) .

تكشف خيمة الاجتماع لنا عن نموذج للطريق إلى الأقداس أي محضر الله القدير

تكشـف خيمة الاجتماع لنا عـن نموذج للطريق إلى الأقداس أي محضـر الله القديـر ، فالأمر لا يتعلق بمسألة محاولـة الوصول إلى الطريق أو التكهنات أو ببساطة أن نفعل ما يرضينا أو ما نفكر فيه ، فهناك أسلوب واضح وموصوف للدخول إلى الأقداس وهو معلن لنا بأقسامه وبمكوناته المختلفة للأثاث عبر كل الطريق .

كانـت خيمـة الاجتماع عبارة عـن بناء يتكون مـن ثلاثة أجزاء أساسـية ، هي الدار الخارجية والقدس وراء الحجاب الأول أو السـتارة الأولى ، وقدس الأقداس وراء الحجاب الثاني أو السـتارة الثانية . وهي بناء ثلاثي ، أي أنها بناء واحد ذي ثلاثة أقسـام ، وقد كان هذا البناء مميزاً في عدة أمور ، فهو يرسـم طبيعة الله وهى الآب والابن والروح القدس ، ويرسـم طبيعة السـماوات فيشـير الكتاب المقدس إلى أن بولس أُخذ إلى السـماء الثالثة انظر(٢ كورنثوس ١٢ : ٢) ، وترسم لنا أيضاً طبيعة الإنسان أي الجسد والنفس والروح .

مـن بين الأمـور التي تميز تلـك الأقسـام الثلاثة نوعيـة الإضاءة

المتاحة، ففي الدار الخارجية كانت الإضاءة طبيعية، أي الشمس في النهار والقمر والنجوم في الليل، وفي القدس فيما وراء الحجاب الأول كانت الإضاءة صناعية، فقد كان هناك المنارة ذات السبعة سُرُج، ولكن في قدس الأقداس فيما وراء الحجاب الثاني لم تكن هناك أيّة إضاءة طبيعية أو صناعية، فالإضاءة الوحيدة المتوفرة هي من خلال الحضور الخارق للطبيعة لله القدير الذي يسكن في هذا الجزء الصغير في داخل الخيمة، فحضور الله الذي يأتي بالنور معروف في اللغة العبرية بأنه «**shekinah**» والتي تعني «يسكن»، أو «مجد الله المرئي»، فهذا هو مصدر الإضاءة الوحيد في قدس الأقداس، وهو الجزء الثالث من الخيمة، فهو إظهار سُكْنَى الله القدير في وسط شعبه.

تتماشى هذه الأجزاء الثلاثة لخيمة الاجتماع مع جوانب كثيرة من خبراتنا، ولكني أودَّ أن أربطها بالثلاثة جوانب التي تُشَكّل شخصية الإنسان وهي التي ذكرتها سابقاً أي الجسد والنفس والروح، وكما قلت فإننا لا نعبد الله بالجسد أو بالنفس ولكن بالروح، لهذا فإن الدار الخارجية تمثل الجسد، والقدس يمثل النفس، وقدس الأقداس يمثل الروح، يمكننا أن نقترب من الله وندخل في العبادة بأرواحنا فقط، وبالتالي فإن الجانب المختص بالعبادة هو قدس الأقداس فيما وراء الحجاب الثاني.

لهذا كيف يمكن للشخص أن يتقدم للوصول إلى مرحلة العبادة؟ من خلال نموذج التقدم الموجود في خيمة الاجتماع من الدار الخارجية حتى الوصول إلى قدس الأقداس .

الدار الخارجية

عندمـا نقتـرب مـن خيمـة الاجتماع فلابـد وأن نبـدأ بالـدار الخارجيــة ، وهكذا فعندما نقترب مـن الله فإننا دائماً ما نبدأ بالعالم الطبيعي الملموس ، فهذا الجانب له علاقة بالجسد وبحياة المسيح في الأيام التي كان فيها يسوع على الأرض ، فقد سار في شوارع الجليل وأورشليم كإنسـان يمكن للآخرين أن يروه ويلمسوه ويسمعوه من خـلال الحواس الطبيعية ، وهكذا فإنه في الدار الخارجية نأخذ إعلاناً من خلال الحواس الطبيعية أو من خلال المعرفة الإنسانية .

يمكننا أن نقترب من الله

وندخل معه في العبادة بأرواحنا فقط

في الدار الخارجية من خيمة الاجتماع ، أول شيء سنراه هو المذبح النحاسـي العظيم ، أخبرنـي معلم في أحـدى المـرات أن كل جوانبه كانت مغطاة بنحاس مصقول ، لهذا فإنه في اللحظة التي تقترب فيها وتنظر له فإنك ترى نفسك ، وعند هذا المذبح تذبح كل الحيوانات وتقدم عليــه لله ، وبالنسـبة لنا يمثّل المذبح النحاسـي موت يسوع

الكفاري نيابة عنا، ويتحدث عن الدم الذي سفكه حتى نحصل على الفداء ونتصالح مع الله، هذه هي نقطة البداية، فلا يمكننا أن نتخطي الصليب، فقط عندما نبدأ عند الصليب وننال فوائد ذبيحة يسوع نيابة عنا، أي فوائد دمه المسفوك يمكننا أن ننتقل ونتقدم في عبادتنا.

أربعة جوانب للمذبح النحاسي

للمذبح النحاسي أربعة جوانب تمثل أربعة أمور مميزة قدمها الله لنا بموت يسوع على الصليب، الأول هو غفران خطايا الماضي، وهو أمر حيوي وضروري، فإن لم تغفر خطاياك لا يمكنك أن تحرز أي تقدم، وهذا هو ما تخبرنا به رسالة رومية:

«**الَّذِي قَدَّمَهُ اللهُ كَفَّارَةً بِالإِيمَانِ بِدَمِهِ، لإِظْهَارِ بِرِّهِ، مِنْ أَجْلِ الصَّفْحِ عَنِ الْخَطَايَا السَّالِفَةِ بِإِمْهَالِ اللهِ**» (رومية ٣ : ٢٥).

أما الجانب التالي فهو يمثل حمل خطيتنا، فهناك فرق هام بين الخطايا بصيغة الجمع (الأفعال الخاطئة التي نرتكبها) وبين الخطية كقوة روحية (قوة شريرة فاسدة مُستعبدة تجعلك تخطئ أو ترتكب أفعالاً خاطئة)، والخطية هي مصدر الخطايا وعندما نتعامل مع الخطايا فإننا نتعامل مع فروع الشجرة، ولكننا لا نتعامل مع الجذع الذي يغذي كل فروع الخطية.

يخبرنا الكتاب في كورنثوس الثانية :

«لأَنَّهُ جَعَلَ الَّذِي لَمْ يَعْرِفْ خَطِيَّةً، خَطِيَّةً لأَجْلِنَا، لِنَصِيرَ نَحْنُ بِرَّ اللهِ فِيهِ» (٢ كورنثوس ٥ : ٢١) .

هناك تبادل يحدث ، فيسوع قد جُعل خطية بكل خطايانا لهذا ففي المقابل يمكننا أن نصبح أبراراً بسبب كل بره ، فهذه ليست خطايا بل خطية يتم التعامل معها هناك ، حيث نقرأ في عبرانيين :

«فَإِذْ ذَاكَ كَانَ يَجِبُ أَنْ يَتَأَلَّمَ مِرَارًا كَثِيرَةً مُنْذُ تَأْسِيسِ الْعَالَمِ، وَلكِنَّهُ الآنَ قَدْ أُظْهِرَ مَرَّةً عِنْدَ انْقِضَاءِ الدُّهُورِ لِيُبْطِلَ الْخَطِيَّةَ بِذَبِيحَةِ نَفْسِهِ» (عبرانيين ٩ : ٢٦) .

تألم المسيح مرة واحدة لأنه من خلال هذا الألم فعل كل شيء يجب أن يُفعل .

الجانب الثالث من المذبح هو طبيعتنا القديمة الفاسدة أي التمرد الموجود في داخل كل منا : **«عَالِمِينَ هذَا: أَنَّ إِنْسَانَنَا الْعَتِيقَ قَدْ صُلِبَ مَعَهُ لِيُبْطَلَ جَسَدُ الْخَطِيَّةِ، كَيْ لاَ نَعُودَ نُسْتَعْبَدُ أَيْضًا لِلْخَطِيَّةِ»** (رومية ٦ : ٦) .

أصبحت الخطية غير فعالة ، فهي لم تعد قادرة على أن تثبت نفسها ، فالمهرب الوحيد من عبودية الخطية هو من خلال موت الطبيعة القديمة الخاطئة ، فالإنسان العتيق هو حالة ميئوس منها

لدرجـة أن الله لـم يجد له علاجاً ، ولا يمكن لله أن يرسله للكنيسـة أو يعلّمه الوصايا العشـر أو يجعله بـاراً ، فالله يدينه ، وهذا هو الحل الوحيد للإنسان القديم أي آدم القديم .

إن رحمـة الله هي في العقاب الذي حدث لشـخص يسـوع على الصليب ، فعندما مات يسـوع ، مات إنساننا العتيق فيه ، ولو أنك تعرف هذا وتضع ثقتك فيه فسينجح الأمر ، ولكن إن لم تكن تعرفه فلن يمكنك أن تضع ثقتك فيه ولن ينجح الأمر ، ولو أنك تعرف هذا ولكنّـك لا تضع ثقتك فيه فما زال الأمر غير ناجح معك ، فبالمعرفة والاتّكال والثقة ينجح الأمر .

أما الجانب الرابع وهو المكان الذي نقدم فيه أنفسنا لله ، فهو ذبيحة المحرقـة ، وهي التقدمة التي تقدم لله ، لكي تحرق تماماً بنيران المذبح ، لو درسـت ترتيب التقدمات في سفر اللاويين التى هي جميعاً رموز ليسوع فستجد أن أول تقدمة يتحدث عنها سفر اللاويين هي ذبيحة المحرقة ، لأن المبادرة ليسـت من جانب الإنسان الخاطئ بل من جانب الله انظر (لاويين ١ : ٣) ، وفقط لأن يسـوع قد جُعل ذبيحة محرقة علـى مذبـح إرادة الله على الصليب فيمكن أن تقدّم بقيّة الذبائح ، ولو لم يكن يسـوع راغباً أن يقول : «وَلكِنْ لَيْسَ كَمَا أُرِيدُ أَنَا بَلْ كَمَا تُرِيدُ أَنْتَ» (متى ٢٦ : ٣٩) ، فلم يكن أي مما بعد ذلك ليحدث .

سـتجد أننـا نتقدم فـي نظام عكسـي لهذا المذكور فـي الكتاب المقـدس لخيمة الاجتمـاع ، فيبدأ الكتاب المقدس بالتابوت وينتقل

تدريجيـاً للخارج، وهـذا لأنّ المبادرة هي في الخـلاص والفداء وهي من الله لا من الإنســان، فلو أن الله لــم يكن راغباً فيهما لما حدث أي شيء، ولو لم يكن يسوع هو ذبيحة المحرقة الأولية على الصليب، لما كان لــي أو لك خلاص، ولكن بالنســبة لنا النظام على عكس هذا، فيجــب أن نحصل على غفــران خطايانا، ويجــب أن تؤخذ الخطية بعيــداً ويجب أن تمــوت الطبيعة القديمة أو تُصْلــب ثم بعدها نكون قادرين على أن نقدم أنفســنا كذبيحة محرقة مقبولة أمام الله، وهذا مــا توضحه لنــا (رومية ١٢ : ١) والتــي تبدأ: **«فَأَطْلُــبُ إِلَيْكُــمْ أَيُّهَا الإِخْوَةُ..»** فحرف «ف» يشير إلى تبسيط حق الإنجيل الذي سبق في الأصحاحات الحادية عشر السابقة.

ما الذي يطلبه الله منا بعد ما تم التعامل معه؟

«فَأَطْلُبُ إِلَيْكُمْ أَيُّهَا الإِخْوَةُ بِرَأْفَةِ اللهِ أَنْ تُقَدِّمُوا أَجْسَادَكُمْ ذَبِيحَةً حَيَّةً مُقَدَّسَةً مَرْضِيَّةً عِنْدَ اللهِ، عِبَادَتَكُمُ الْعَقْلِيَّةَ» (رومية ١٢ : ١).

إن لــم تُنفَّــذ هذه الجوانب الثلاثة من المذبــح فلا يمكنك أن تقدم نفسك ذبيحة مقبولة لله، عندها يقول الله: «أريد جسدك»، قليلون من المؤمنين هم من يدركون هذا الأمر، فالله يريد أجسادنا بأكملها، فــي العهد القديم كانت توضع أجســاد الحيوانات المذبوحة بكاملها على المذبح، والله يقول: «أريدك جسدك على المذبح بنفس الطريقة مع استثناء واحد فقط، لا أريده ميتاً بل حياً:

وتواصل الآية التالية لتقول :

«وَلاَ تُشَاكِلُوا هذَا الدَّهْرَ، بَلْ تَغَيَّرُوا عَنْ شَكْلِكُمْ بِتَجْدِيدِ أَذْهَانِكُمْ، لِتَخْتَبِرُوا مَا هِيَ إِرَادَةُ اللهِ، الصَّالِحَةُ الْمَرْضِيَّةُ الْكَامِلَةُ» (رومية ١٢ : ٢) .

إن لم تضع جسدك بأكمله على المذبح ، لا يمكنك أن تكتشف إرادة الله ، وعندما تفعل هذا يتجدد ذهنك وتنكشف أمامك إرادة الله ، ولكن لا يمكنك أن تحرز مزيداً من التقدم حتى تمر على جوانب المذبح الأربعة ، أولاً خطايا الماضي غفرت ، ثم يطرحها الله بعيداً ثم يصلب الإنسان العتيق ، و أخيراً يوضع الجسد كله على المذبح في تسليم كامل لله ، ومنذ ذلك الحين فصاعداً لم يعد جسدك ملكاً لك ، فلست ملك نفسك ، لأنك اُشْتُرِيتَ بثمن انظر (١ كورنثوس ٦ : ١٩ - ٢٠) .

المرحضة النحاسية

ثم نجد المرحضة النحاسية كما يصفها سفر الخروج :

«وَكَلَّمَ الرَّبُّ مُوسَى قَائِلاً : «وَتَصْنَعُ مِرْحَضَةً مِنْ نُحَاسٍ، وَقَاعِدَتَهَا مِنْ نُحَاسٍ، لِلاغْتِسَالِ. وَتَجْعَلُهَا بَيْنَ خَيْمَةِ الاجْتِمَاعِ وَالْمَذْبَحِ، وَتَجْعَلُ فِيهَا مَاءً. فَيَغْسِلُ هَارُونُ وَبَنُوهُ أَيْدِيَهُمْ وَأَرْجُلَهُمْ مِنْهَا. عِنْدَ دُخُولِهِمْ إِلَى خَيْمَةِ الاجْتِمَاعِ يَغْسِلُونَ بِمَاءٍ لِئَلاَّ يَمُوتُوا، أَوْ عِنْدَ اقْتِرَابِهِمْ إِلَى الْمَذْبَحِ لِلْخِدْمَةِ لِيُوقِدُوا وَقُودًا لِلرَّبِّ. يَغْسِلُونَ أَيْدِيَهُمْ وَأَرْجُلَهُمْ لِئَلاَّ يَمُوتُوا. وَيَكُونُ لَهُمْ فَرِيضَةً أَبَدِيَّةً لَهُ وَلِنَسْلِهِ فِي أَجْيَالِهِمْ» (خروج ٣٠ : ١٧ - ٢١) .

إذن هناك خيمة الاجتماع والمذبح والمرحضة بينهما، إن التواجد عند المرحضة لم يكن اختياريا ولكنه مطلب ملزم لكل شخص يمرُّ من وإلى الخيمة، فلا يستطيع أحد أن يُمرّ بالمرحضة دون أن يغتسل فيها، وإن لم يغتسلوا فستقع عليهم عقوبة الموت، فهناك أهمية بالغة للمرحضة.

تمثل المرحضة كلمة الله، ففيما بعد في سفر الخروج نقرأ:

«وَصَنَعَ الْمِرْحَضَةَ مِنْ نُحَاسٍ وَقَاعِدَتَهَا مِنْ نُحَاسٍ. مِنْ مَرَائِي الْمُتَجَنِّدَاتِ اللَّوَاتِي تَجَنَّدْنَ عِنْدَ بَابِ خَيْمَةِ الاجْتِمَاعِ» (خروج ٣٨ : ٨).

النحاس مأخوذ من المرايا النحاسية الخاصة بالسيدات الإسرائيليات اللائي يأتين ويعبدن في الخيمة، تذكر أنه لم يكن هناك زجاج في ذلك الوقت، فأفضل مرآة يمكنك الحصول عليها هي مرآة مصقولة وناعمة من النحاس، وبالتالي فلدينا ثلاث جوانب للمرحضة أنها من المرايا، وهي تصنع من النحاس، وتُملأ بالماء، وتتحدث كل صفة من هذه الصفات عن كلمة الله.

أولاً كلمة الله مرآة:

«لأَنَّهُ إِنْ كَانَ أَحَدٌ سَامِعًا لِلْكَلِمَةِ وَلَيْسَ عَامِلاً، فَذَاكَ يُشْبِهُ رَجُلاً نَاظِرًا وَجْهَ خِلْقَتِهِ فِي مِرْآةٍ» فانه نظر ذاته ومضى وللوقت نسى ماهو (يعقوب ١ : ٢٣).

لا تعكس كلمة الله المظهر المادي الخارجي، ولكنها تظهر الحالة الروحية الداخلية، إن أردت أن تعرف كيف تبدو حقاً في نظر الله، انظر في المرآة، كلما قرأتُ الكتاب المقدس فترة أطول اتّضح لى عدم كمالي، وعيوبي ونقائصي، فعندما تنظر في المرآة يمكنك أن تفعل أمرين، يمكنك أن تقول إنك لا تبدو سَيّئاً جداً، وببساطة تمضي في طريقك ولا تفعل شيئاً حيال الأمر، أو يمكنك أن تتصرف بناء على ما تراه وتقوم بالتغيرات والتعديلات الضرورية، وفي هذه الحالة كما يقول يعقوب ستحصل على البركة نتيجة لما تفعله. تَذَكَّرْ أن من يسمعون الكلمة فقط لا يحصلون على البركة ولكن من يسمعون ويفعلون هم الذين يحصلون على البركة.

ثانياً كلمة الله هي القاضي :

فعادة ما يمثل النحاس الفحص والدينونة الإلهية، فالله يراك وليس بإمكانك إخفاء شيء عنه فكل الأشياء مكشوفة ومعروفة أمام عيني الله، قال يسوع في (يوحنا ١٢):

«وَإِنْ سَمِعَ أَحَدٌ كَلاَمِي وَلَمْ يُؤْمِنْ فَأَنَا لاَ أَدِينُهُ، لأَنِّي لَمْ آتِ لأَدِينَ الْعَالَمَ بَلْ لأُخَلِّصَ الْعَالَمَ. مَنْ رَذَلَنِي وَلَمْ يَقْبَلْ كَلاَمِي فَلَهُ مَنْ يَدِينُهُ. اَلْكَلاَمُ الَّذِي تَكَلَّمْتُ بِهِ هُوَ يَدِينُهُ فِي الْيَوْمِ الأَخِيرِ» (يوحنا ١٢ : ٤٧-٤٨).

تخبرنا رسالة بطرس الأولى أن الله الآب هو الديان، انظر (١ بطرس ١ : ١٧)، ونقرأ في يوحنا أن الآب قد أعطى كل الدينونة للأبن أنظر (يوحنا ٥ : ٢٢)، ولكن في (يوحنا ١٢) يقول يسوع للمرأة الخاطئة : «لن أدينك، فقد خصصت كل الدينونة ووضعتها في الكلمة».

وستكون الدينونة بناء على معيار الكلمة، فهو المعيار الوحيد والمطلق للدينونة الإلهية والتي تعطينا الفرصة المباركة لنحكم على أنفسنا، «**لأَنَّنَا لَوْ كُنَّا حَكَمْنَا عَلَى أَنْفُسِنَا لَمَا حُكِمَ عَلَيْنَا**» (١ كورنثوس ١١ : ٣١)، لما حُكِمَ علينا ممن؟ من الله، يقول الله: «لو أنك تحكم على نفسك بالنظر في المرآة فلن يكون عليّ أن أحكم عليك».

الجانب الثالث من المرحضة هو الماء وهو كلمة الله كمطهر:

«**أَحَبَّ الْمَسِيحُ أَيْضًا الْكَنِيسَةَ وَأَسْلَمَ نَفْسَهُ لأَجْلِهَا، لِكَيْ يُقَدِّسَهَا، مُطَهِّرًا إِيَّاهَا بِغَسْلِ الْمَاءِ بِالْكَلِمَةِ، لِكَيْ يُحْضِرَهَا لِنَفْسِهِ كَنِيسَةً مَجِيدَةً**».

يتحدث هذا الجزء عن الصليب حيث ضَحّى المسيح بنفسه، وهنا يحدث غسل المياه من خلال الكلمة حيث يطهّر الله ويقدس من فداهم أولاً بدمه، فلتتذكّر أن المسيح افتدى الكنيسة بدمه حتى يمكنه أن يطهرنا ويقدسها بغسل الماء بكلمة الله، سيعتمد تقديس

الله والقداسة وإتمام إرادة الله على دم الصليب وماء الكلمة، فهؤلاء الذين أتوا إلى المذبح النحاسي ولكن لم يغتسلوا في المرحضة كانوا عرضة للموت، فربما تكون مفدياً بسبب إيمانك بموت المسيح على الصليب ولكن إن لم تغتسل بماء الكلمة فلن تتقدس، يسوع يأتي إلى كنيسة قد جعلت مقدسة ومجيدة بغسل الماء بالكلمة، وهذا واضح للغاية، فأي مؤمن لا يدرس الكلمة ويخضع للكلمة ويطيع الكلمة ويحيا بالكلمة لا يمكنه أن يتوقع أن يكون مستعداً لمجيء المسيح.

لكي تتقدس يجب أن تغتسل بماء الكلمة

«هذَا هُوَ الَّذِي أَتَى بِمَاءٍ وَدَمٍ، يَسُوعُ الْمَسِيحُ. لاَ بِالْمَاءِ فَقَطْ، بَلْ بِالْمَاءِ وَالدَّمِ. وَالرُّوحُ هُوَ الَّذِي يَشْهَدُ، لأَنَّ الرُّوحَ هُوَ الْحَقُّ» (١ يوحنا ٥ : ٦) .

أتى يسوع بالماء كمعلّم عظيم، ولكنه هو أيضاً الفادي الذي كان عليه أن يسفك دمه، فبدون سفك دم لا يوجد غفران للخطايا ولا فداء انظر (عبرانيين ٩ : ٢٢) ، فقد سفك دمه حتى يُطَهّر وينقّي بغسل الماء بالكلمة، فقد أتي بالماء والدم.

الفصل الخامس

نفسك .. المدخل العاطفي للعبادة

نستمر في طريقنا نحو الأقداس، ووفقاً للعهد القديم أعطى الله لموسى نموذجاً للواقع السماوي والحق، ولكن من خلال العهد الجديد في يسوع المسيح فقط يمكننا أن ندخل إلى الواقع السماوي الحقيقي ولما تم الكشف عنه كظلال فقط تحت العهد القديم.

والآن فإننا نتقدم من الدار الخارجية للهيكل إلى المقدس، وفيما يتعلق بشخصية الإنسان سنخرج خارج نطاق الجسد أو الملموس إلى عالم النفس أو المشاعر، أو فيما يتعلق بحياة المسيح سننتقل من مجال يسوع في الأيام التي سار فيها على الأرض إلى هذا الإعلان عن يسوع بعد الموت من خلال القيامة وهو الذي يوضحه فقط الكتاب المقدس الموحى به من الله:

«وَهُوَ مَاتَ لأَجْلِ الْجَمِيعِ كَيْ يَعِيشَ الأَحْيَاءُ فِيمَا بَعْدُ لاَ لأَنْفُسِهِمْ، بَلْ لِلَّذِي مَاتَ لأَجْلِهِمْ وَقَامَ. إِذًا نَحْنُ مِنَ الآنَ لاَ نَعْرِفُ أَحَدًا حَسَبَ الْجَسَدِ. وَإِنْ كُنَّا قَدْ عَرَفْنَا الْمَسِيحَ حَسَبَ الْجَسَدِ، لكِنِ الآنَ لاَ نَعْرِفُهُ بَعْدُ» (٢ كورنثوس ٥ : ١٥ - ١٦).

نتحدث الآن عن حقيقة أن يسوع لم يمت وحَسْب، ولكنه قام أيضاً. فننتقل من الساحة الخارجية للمعرفة الملموسة إلى المنطقة التي ينقل لنا فيها الروح القدس الإعلان.

الحجاب الأول

عندما نترك الدار الخارجية يجب أولاً أن نمرَّ عبر الحجاب الأول أو الستارة الأولى، وأعتقد أن هذا يمثل قيامة المسيح، فعندما نُمرَّ من هذا الحجاب نمر إلى منطقة انفتحت أمامنا بقيامة يسوع من الأموات، وهي تمثل بطريقة ما اتحادنا بالمسيح في القيامة:

«فَإِنْ كُنْتُمْ قَدْ قُمْتُمْ مَعَ الْمَسِيحِ فَاطْلُبُوا مَا فَوْقُ، حَيْثُ الْمَسِيحُ جَالِسٌ عَنْ يَمِينِ اللهِ» (كولوسي ٣ : ١).

> فيسوع لم يمت وحسب ولكنه قام أيضاً

لقد متنا مع المسيح، والكتاب المقدس يخبرنا أننا قد قمنا معه أيضاً.

القدس

في إطار هذا القدس الأول هناك ثلاثة أشياء أساسية هي مائدة الخبز، والمنارة ومذبح البخور الذهبي، وأعتقد أن كل تلك الأشياء لها ما يقابلها في النفس البشرية.

خبز الوجـوه

تتماشــى مائدة الخبــز أو خبز الوجــوه مع الإرادة البشــرية، في الكتاب المقدس يرمز الخبز إلى القوة وقوة النفس ليست في تفكيرها ولا فــي عواطفها بــل في إرادتها، يمكنك أن تكــون مفكراً بارعاً أو أن تكون ذا عواطف جياشــة ومع ذلك تبقــى ضعيفاً للغاية. عندما أعظ، لا أسـعى للوصول إلى مشـاعر الناس، ولكن أسعى للوصول إلى إرادتهم وتغييرها. وإنه لأمر سهل نسبياً أن تثير الناس عاطفياً، ولكــن الأمــر لن يكــون فعّالاً كلية إن لــم نغير إرادتهــم، فلا بد أن يكــون هذا هو هدفنــا، لهذا فإن خبــز الوجوه على المائــدة هو رمز لإرادة الإنسـان.

بالرجوع إلى سـفر المزامير، هناك آية أساسـية في هذا الموضوع الذي نتناوله هنا:

«الْمُنْبِتُ عُشْبًا لِلْبَهَائِمِ، وَخُضْـرَةً لِخِدْمَةِ الإِنْسَـانِ، لإِخْرَاجِ خُبْزٍ مِنَ الأَرْضِ، وَخَمْرٍ تُفَرِّحُ قَلْبَ الإِنْسَـانِ، لإِلْمَـاعِ وَجْهِهِ أَكْثَرَ مِنَ الزَّيْتِ، وَخُبْزٍ يُسْنِدُ قَلْبَ الإِنْسَانِ» (مزمور ١٠٤ : ١٤ ـ ١٥).

هنــا لدينا مــا يقدمه لنا الله فــي ثلاثة مجالات لنفس الإنســان، فالخمر هي العواطف، والزيت هو الفكر ولاحظ كلمة «لإلماع» والتي تتحــدث عن النور، والخبز يتحدث عــن الإرادة، فيمكن أن نلخّص

ما يوفره لنا الله في هذه الأمور الثلاثة، القمح والخمر والزيت، وفي يوئيل ١ يفتقر شعب الله الذين تركوه إلى تلك العناصر الثلاث وإلى حضوره، وفي يوئيل ٢ حيث قال الله إنه سيسكب روحه قال أيضاً: «**هأَنَذَا مُرْسِلٌ لَكُمْ قَمْحًا وَمِسْطَارًا وَزَيْتًا لِتَشْبَعُوا مِنْهَا**» (يوئيل ٢ : ١٩)، وفالقمح هو قوة الإرادة وكلمة الله، والزيت هو استنارة الروح القدس، والخمر هو فرح الرب، فأنت تحيا حياة فقيرة إن لم تكن لديك كل هذه الثلاثة، ولكن الله بالتأكيد سيعطيها لنا إن اتجهنا نحوه.

فالمسيح بنفسه هو الذي وضع نمط الإرادة: لِذلِكَ عِنْدَ دُخُولِهِ إِلَى الْعَالَمِ يَقُولُ: «**ذَبِيحَةً وَقُرْبَانًا لَمْ تُرِدْ، وَلكِنْ هَيَّأْتَ لِي جَسَدًا. بِمُحْرَقَاتٍ وَذَبَائِحَ لِلْخَطِيَّةِ لَمْ تُسَرَّ. ثُمَّ قُلْتُ: هنَذَا أَجِيءُ. فِي دَرْجِ الْكِتَابِ مَكْتُوبٌ عَنِّي، لأَفْعَلَ مَشِيئَتَكَ يَا اللهُ**» (عبرانيين ١٠ : ٥-٧).

لقد أعد الله جسد المسيح لأجل غرض واحد هو أن يفعل إرادة الله، وهكذا أيضاً فإنه يوجد سبب واحد وراء امتلاكنا أجساد ألا وهو أن نفعل إرادة الله، فكل شيء آخر هو ثانوي، يسوع نفسه قال: «**أَنَا لاَ أَقْدِرُ أَنْ أَفْعَلَ مِنْ نَفْسِي شَيْئًا. كَمَا أَسْمَعُ أَدِينُ، وَدَيْنُونَتِي عَادِلَةٌ، لأَنِّي لاَ أَطْلُبُ مَشِيئَتِي بَلْ مَشِيئَةَ الآبِ الَّذِي أَرْسَلَنِي**» (يوحنا ٥ : ٣٠).

هذا مبدأ هام للغاية، فيمكنك أن تحكم على الأمور بعدل أي سيكون تمييزك صائباً عندما لا تسعى لفعل مشيئتك، وعندما

تطلب إرادة الآب لن تخدع بل ستنال فهماً وتمييزاً لتصدر حكماً صائباً ، ولكن عندما تميل إلى تنفيذ إرادتك عندها ستجمح .

هنــاك آيات في إنجيل متــى نرى فيها التأكيــد النهائي على هذه النقطــة : «يَا أَبَتَاهُ، إِنْ أَمْكَنَ فَلْتَعْبُرْ عَنِّي هـذِهِ الْكَأْسُ، وَلكِنْ لَيْسَ كَمَا أُرِيدُ أَنَا بَلْ كَمَا تُرِيدُ أَنْتَ» (متى ٢٦ : ٣٩) .

هنا صورة يسوع الذي يسلم إرادته عند كل مرحلة للآب ، وهكذا أيضاً فأنت عندما تسلّم إرادتك ستكتشف إرادة الله الكاملة .

ما الذي أعطى ليسوع القوة لكي يفعل إرادة الله ، يمكننا أن نرى هذا في حديثه مع التلاميذ بعد مقابلة المرأة السامرية عند البئر :

«وَفِي أَثْنَاءِ ذلِكَ سَأَلَهُ تَلاَمِيذُهُ قَائِلِينَ : «يَامُعَلِّمُ، كُلْ» فَقَالَ لَهُمْ : «أَنَا لِي طَعَامٌ لآكُلَ لَسْتُمْ تَعْرِفُونَهُ أَنْتُمْ». فَقَالَ التَّلاَمِيذُ بَعْضُهُمْ لِبَعْضٍ : «أَلَعَلَّ أَحَدًا أَتَاهُ بِشَيْءٍ لِيَأْكُلَ؟» قَالَ لَهُمْ يَسُوعُ : «طَعَامِي أَنْ أَعْمَلَ مَشِيئَةَ الَّذِي أَرْسَلَنِي وَأُتَمِّمَ عَمَلَهُ» (يوحنا ٤ : ٣١ ـ ٣٤)

كان يسوع ضعيفاً جسدياً عندما جلس عند البئر ولكن عندما شهد للمرأة وتمم إرادة الله ، أعطاه هذا قوة جسدية حقيقية ، فلم يعد يشعر بحاجة ماسة للأكل ، هكذا نحن أيضاً ، فعندما نفعل إرادة الله ننال قوة . وعندما نسخّر إرادتنا لعمل إرادة الله فهذا يعطي نفوسنا قوة وهدفاً .

عندما تطلب إرادة الآب فلن تخدع

بالنسبة لكلمة «خبز الوجوه» فأي وجه يقصد ؟ كان هذا هو الخبز الموجود دائماً أمام وجه الله، ففي سفر العدد يطلق عليه الخبز الدائم انظر(عدد ٤ : ٧) . هذا هو الخبز الذي كان موجوداً دائماً أمام وجه الرب نهاراً وليلاً سبعة أيام أسبوعياً، ولا يمكنني أن أفكر في أي شيء آخر يؤثر فيّ بعمق أكثر من فهم أن إرادتي هي مثل أرغفة الخبز على المائدة التي تظهر أمام الله ليلاً ونهاراً أربعاً وعشرين ساعة يومياً، فيطلب الله أن يفحص إرادتي، وهناك بالتحديد إثنا عشر رغيفاً على المائدة، فلو كان هناك رغيف مفقود أو في غير مكانه فالله دائماً يريد أن يعرف السبب .

أعدك أنه لو كان بإمكانك فهم هذه النقطة فستحفظ نفسك من الوقوع في عدة كوارث، **فإرادتك هي الشيء الذي يجب أن تنتبه له وتحرسه، ففي إرادتك يبدأ كلُّ ما يتعلق بتعاملاتك مع الله.**

ونجد تقديم خبز الوجوه في سفر اللاويين:

«وَتَأْخُذُ دَقِيقًا وَتَخْبِزُهُ اثْنَيْ عَشَرَ قُرْصًا. عُشْرَيْنِ يَكُونُ الْقُرْصُ الْوَاحِدُ. وَتَجْعَلُهَا صَفَّيْنِ، كُلَّ صَفٍّ سِتَّةً عَلَى الْمَائِدَةِ الطَّاهِرَةِ أَمَامَ الرَّبِّ. وَتَجْعَلُ عَلَى كُلِّ صَفٍّ لُبَانًا نَقِيًّا فَيَكُونُ لِلْخُبْزِ تَذْكَارًا وَقُودًا

لِلرَّبِّ. فِي كُلِّ يَوْمِ سَبْتٍ يُرَتِّبُهُ أَمَامَ الرَّبِّ دَائِمًا، مِنْ عِنْدِ بَنِي إِسْرَائِيلَ مِيثَاقًا دَهْرِيًّا. فَيَكُونُ لِهَارُونَ وَبَنِيهِ » (لاويين ٢٤ : ٥ ـ ٩).

هنا أرى ثمانية خصائص متتالية يتشابه فيها خبز الوجوه مع نوعية الإرادة التي يبحث عنها الله. أولاً : لكي تصنع خبز الوجوه فإن القمح يجب أن يكون مطحوناً جيداً، «يُدَقُّ الْقَمْحُ» (إشعياء ٢٨ : ٢٨). **هذا هو الله الذي يتعامل مع إرادة الإنسان بحيث يحُدث دق مستمر لهذه الإرادة،** فإرادتك مقبولة عندما تكون ناعمة ورقيقة تماماً مثل الدقيق، وحتى هذا الوقت سيتسمر الله في الدق والدق والدق على إرادتك.

ثانياً: لكي تصنع رغيفاً لابد وأن يشكّل جيداً، **كذلك لابد وأن تتشكّل إرادتك لكى تشابه إرادة الله المعلنة في الكتاب المقدس،** النموذج الأسمى الذى يمثّله تشكيل هذا الرغيف هو يسوع.

ثالثاً: بعدما يتم تشكيل الخبز لابد من خبزه في حرارة النيران، **والحرارة تمثل الاختبار،** فتقول : «حسناً يا الله، أريد أن أفعل إرادتك» ثم يمضي كل شئ عكس ما تريد، فتصيبك خمس صعاب في يوم واحد، هل تغير رأيك لأنه لا يمكنك أن تحتمل النيران؟ لا تعتقد أنّ هذا غريب لأن النيران حولك من كل جانب، وهذه هي عملية الخبز.

رابعاً: لابد وأن يتم وضع الخبز بنظام، فلابد وأن يكون هناك إثنا عشر رغيفاً، في صفين يحوي ستة أرغفة، فلا يمكن أن يكون

هناك سـبعة في صف وخمسـة في الآخر، وهنا قد يسقط كثير من المؤمنـين وبصفة خاصة الكارزماتيون، فبدون ترتيب لا يمكن أن تكون تلميذاً، فلو أنك تعتقد أنه لا يهم إن كان لديك خمسة أرغفة في صف واحد وسبعة في الآخر، فأنت لا تفكر بنفس الطريقة التي يفكر بها الله، يقول الله ستة أرغفة في كل صف ويوضعون في مقابـل بعضهم البعض، فالأمر ليس عشـوائياً وليـس انحرافاً، فلو كانت إرادتك هكذا، فمكتبك ومكتبتك ومطبخك سيكون بنفس الشـكل، فلو أنك تعاني من مشـكلات في حفظ النظام في حياتك فراجع خبز الوجوه.

خامسـاً: لابـد وأن يغطَى الخبـز بلبان والذي عادة مـا يرمز إلى نوعية العبادة في الكتاب المقدس فلا يمكن أن يكون تجاوبنا: «حسناً يا الله إن كنت مصراً، فسأفعل الأمر» ولكن يجب أن يكون: «شكراً يـا الله، أنا سـعيد أن أفعل مشيئتك، أحني رأسـي أمامك في خضوع وعبادة فلتكن مشـيئتك، يا رب» على الأرض كما في السـماء، هذا هو المقياس.

سادسـاً: كما ذكرنا بالفعل فإنّ الخبـز لا بد وأن يظهر باستمرار أمام وجه الله نهاراً وليلاً، فيقول الله: «أريد أن أرى أين يوضع الخبز»

سـابعاً: لابد وأن يكون هناك غطاء مـزدوج للحماية يحيط به انظـر (خروج ٣٧: ١٠ ـ ١٢). لقد كان الخبز ثميناً للغاية لدرجة

أنّ غطاءً واحداً على المائدة لم يكن كافياً ، فيضعون سياجاً آخر من حوله حتى لا يسقط أي فتات خارج هذا الحاجز ، فما زال محمياً من السقوط على الأرض بسبب هذا الغطاء الثاني ، **وهكذا بالمثل هناك حجاب مزدوج حول إرادتك، ما هو الحجاب المزدوج؟ إنه السهر والصلاة.**

«**اِسْهَرُوا إِذًا وَتَضَرَّعُوا فِي كُلِّ حِينٍ «أربعة وعشرون ساعة يومياً» لِكَيْ تُحْسَبُوا أَهْلاً لِلنَّجَاةِ مِنْ جَمِيعِ هذَا الْمُزْمِعِ أَنْ يَكُونَ، وَتَقِفُوا قُدَّامَ ابْنِ الإِنْسَانِ**» (لوقا ٢١ : ٣٦).

لابد وأن تحيا بطريقة تجعل الله غير عادل إن أتى عليك بالدينونة التي سيأتي بها على هؤلاء الذين لا يتقونه ، اسهر وصلّ حتى تُحسب مستحقاً للنجاة ، «**اِسْهَرُوا وَصَلُّوا لِئَلاَّ تَدْخُلُوا فِي تَجْرِبَةٍ. أَمَّا الرُّوحُ فَنَشِيطٌ وَأَمَّا الْجَسَدُ فَضَعِيفٌ**» (متى ٢٦ : ٤١) ، قال يسوع : «قلتم أنك ستتبعونى كل الطريق ولكن إن لم تسهروا وتصلوا فستحتاجون إلى الحماية ، بالتأكيد هذا ما حدث مع التلاميذ ، هذه هي الحراسة الحامية المزدوجة لكي تحافظ على خبز الوجوه في مكانه أي الصلاة والسهر.

أما الخاصية الثامنة والأخيرة لهذا الخبز فهي أنه يجب أن يوضع طازجاً ، **فيجب أن تعيد تكريس نفسك بانتظام لإرادة**

الله، قال سميث ويجليزورس: «كل إعلان جديد يتطلب تكريساً جديداً» أتفق مع هذا، ففي كل مرة يظهر فيها الله لك حقيقة جديدة وواجباً جديداً، فإنه يطلب أن يتم وضع خبز الوجوه من جديد على المائدة.

في الدار الخارجية يوجد ما فعله الله لأجلنا لكن عندما ندخل إلى القدس فإنّ الأمر يعتمد على تجاوبنا مع الله، ويبدأ بالإرادة، بالنسبة لي الأمر واضح للغاية، فكلما سرت في الشارع أو شاركت في بعض الأنشطة اليومية أفكر في نفسي قائلاً: هل خبز الوجوه هناك؟ هل كل رغيف في مكانه؟ هل يوجد أي شيء فيّ غير خاضع لإرادة الله؟ لا أعني أنه خنوع لإرادة الله بل السرور الإيجابي لأن نفعل إرادة الله.

المنارة:

إن قطعة الأثاث التالية في القدس هي المنارة ذات السبعة سُرُج، والتي أشبهها بالفكر الذي هو مصدر النور، ويستخدم زيت الزيتون في إضاءة المنارة، **وهذا يمثل الفكر البشري الذي يضيئه وينيره الروح القدس.**

تُصنع المنارة والكاروبيم الموجودان فوق تابوت العهد في قدس الأقداس من الذهب المصقول وكل ما تَبقّى فى خيمة الإجتماع

مصنـــوع مـــن الذهـــب النقي، الذهـــب النقي هـــو الطبيعـــة الإلهية، والذهـــب المصقول هو العمل الإلهي، وكما إن الكاروبيم مخلوقات فـإن الذهن أيضـــاً خلقه الله، والأكثـــر من هـــذا أن الذهب المصقول يحتـــاج إلـــى عملية طرقٍ وتشـــكيلٍ للأشـــياء طبقاً لنمـــوذج معين، وأعتقد أن هذا يمثل وجهين لأسلوب الفكر: الدراسة والنظام، **فلكى يكون فكرك منارة كما يريدها الله، فلابد وأن تُطرق أو تُشكّل.**

«**هَادِمِينَ ظُنُونًا وَكُلَّ عُلْوٍ يَرْتَفِعُ ضِدَّ مَعْرِفَةِ اللهِ، وَمُسْتَأْسِرِينَ كُلَّ فِكْرٍ إِلَى طَاعَةِ الْمَسِيحِ**» (٢ كورنثوس ١٠ : ٥).

أمامنا آية تنطبق بـــكل وضوح على جانب الذهن، والاقتراح هو أنـــه عندما نُتـــرك لطبيعتنا فإن أفكارنا تتعارض مـــع أفكار الله، «**لأَنَّ اهْتِمَـامَ الْجَسَـدِ هُـوَ عَـدَاوَةٌ للهِ**» (روميـــة ٨ : ٧). فـــكل فكر لهذا العدو (الذهن الجســـدي) لابد وأن يستأســـر لطاعة المســـيح، وهذه العملية هي طرق المنارة الذهبية.

هل تعرف كيف تعلن أن ذهنك مَسْتَأْسُر للمسيح؟ عندما يكون كل ما تفكر فيه يتماشى مع الكتاب المقدس.

بما أني كنت متخصصاً في مجال الفلســـفة قبل أن آتي للمسيح، فربما أكون قد واجهت مشكلات فى دائرة الذهن أكثر من أي مؤمن عـــادي، فقد أظهر الله لـــي أن هذا هو الجانـــب الضعيف في حياتي،

وأظهـر لي أني بحاجـة إلى حمايـة لذهني وأعطاني خـوذة الرجاء انظر(اتسـالونيكي ٥ : ٨) ، وأظهر لـي أنّ العالم بعيد عن الله في اتجـاه تفكيره ، ومن أعظم خدمات الإنجيل أن نستأسـر أذهان الناس إلـى طاعة المسـيح ، ولكـن الله أعلن لـي أنه يجب أن أبـدأ بذهني ، وبالتأكيـد لم أدرك لما يريده الله بعد ولكـن لدي ذهن مختلف تماماً عن الذهن الذي كان لي حين كنت شـاباً ، فقد بدأت عمداً بالطّرْقِ على المنارة لكي أستأسـر كل فكر لطاعة المسيح ، وهذه هي العملية التي يجب أن يجتاز فيها كل مؤمن .

يجب أن نستأسر كل فكر لطاعة المسيح

في المزامير نرى أن النور مرتبط بالفهـم :

«**فَتْحُ كَلاَمِكَ يُنِيرُ، يُعَقِّلُ الْجُهَّالَ**» (مزمور ١١٩ : ١٣٠) .

ثم نرى في أفسس أنّ هذا الفهم هو العملية الروحية : «**وَتَتَجَدَّدُوا بِرُوحِ ذِهْنِكُمْ**» (أفسـس ٤ : ٢٣) . وكلمة « تتجـدد » تأتي في زمن المضـارع المسـتمر وذلك لكي تكـون هناك عملية تجديد مسـتمرة ومتنامية للذهن وليست مجرد حدث يحدث مرة واحدة وللأبد .

يأتـي الفهـم من تسـليم ذهنك للـروح القدس، وعندما يسـيطر الـروح القدس على ذهنك سـيرقى بـه ليتناغم مع الكتـاب المقدس ،

وعندما يستأسر الروح القدس ذهنك فإن ذهنك سيتفق مع الكتاب المقدس في كل نقطة، ولكنّ هذا الأمر يحدث تدريجياً.

وكما وضع يسوع نموذجاً للإرادة فقد فعل نفس الأمر بالنسبة للذهن:

«**فَلْيَكُنْ فِيكُمْ هذَا الْفِكْرُ الَّذِي فِي الْمَسِيحِ يَسُوعَ أَيْضًا**» (فيلبي ٢ : ٥)

فتعلم أن تفكر بالطريقة التي فكر بها يسوع، وعندما تُواصل مع هذا الجزء سترى أن الكلمة الأساسية هنا هي الاتضاع:

«**الَّذِي إِذْ كَانَ فِي صُورَةِ اللهِ، لَمْ يَحْسِبْ خُلْسَةً أَنْ يَكُونَ مُعَادِلاً لِلهِ**» (فيلبي ٢ : ٦)

وضع يسوع نفسه إلى الموت على الصليب، وهذا هو الفكر الذي كان عند يسوع، **يجب أن يَمُرّ الذهن بعملية الصلب، فهي العملية التي تستأسر فيها ذهنك المتكبر العنيد إلى الطاعة وإلى الاتضاع وإلى الموت على الصليب، فالذهن المصلوب لا يجادل مع الله، ولا يقول: «ولكن..» ولكنه يقول: «آمين».**

إن استنارة الفكر تعتمد على تسليم الإرادة، **فلا يمكنك أن تحصل على استنارة لذهنك حتى تسلّمَ إرادتك**، والذهن المستنير عادة ما يكشف عن حالة الإرادة، **على كل حال ففي الهيكل كانت المنارة مع مائدة خبز الوجوه في نفس المكان.**

فلو خرجت إرادتك عن الطريق السليم فستسلك في الظلمة، وبدلاً من الحصول على إعلانات حقيقية ستحصل على إعلان مزيف، قال يسوع:

«فَإِنْ كَانَ النُّورُ الَّذِي فِيكَ ظَلاَمًا فَالظَّلاَمُ كَمْ يَكُونُ!» (متى ٦ : ٢٣).

إن مكان الإعلان هو قدس الأقداس حيث نقصد أقدس مكان على الإطلاق، **فلكي تحصل على إعلان حقيقي لابد وأن تكون في علاقة جيدة بالأقداس**، فلو لم تكن على علاقة جيدة بمصدر الإعلان فستحصل فقط على إعلان مزيف، هذا هو النظام الإلهي الخاص بالإعلان والتوجيه الإلهى من الله للمؤمن، **فروح الله هو الذي يتحكم ويعمل في روح المؤمن التى تتحكّم في نفس المؤمن، التى تتحكّم في جسد المؤمن**، لهذا كما هو الحال في كل شيء فإن المبادرة أي النشأة هي من الله، كلها تعتمد على خضوع الإرادة بالكامل لله.

مذبح البخور الذهبي

إن الشيء الأخير في القدس هو مذبح البخور الذهبي وهو أعلى شئ في الحجرة فارتفاعه ذراعان في حين أن كل شيء آخر ارتفاعه ذراع ونصف، وله قرون في كل جانب من جوانب المذبح، وبين القرون تشتعل النيران ولكن لا توجد ذبيحة في هذه النيران، فالشئ الوحيد الذي يوضع في هذه النيران هو بخور خاص مصنوع

مـن خلطة معينة غير مسـموح أن تُسـتخدم أو تُقلد فـي أي مكان آخر سـوى في مذبح البخور الذهبي الوحيد ، وبمعنى آخر **فإنّ مذبح البخور يمثل مكان العبادة في حياة المؤمن.**

هنـاك عبادة نقدمها لله لا يجـب أن نقدمها لآخر، لا تكن عابداً للوعـاظ، لأن هذا إسـاءةُ اسـتخدام للبخـور الخاص بالمذبح الذي يقودك إلى محضر الله .

ويمكننـا أن نحـدد ثماني صفـات لمذبح البخـور الذهبي ، تذكّر أننا لا زلنا في الجزء المتعلق بالنفس الإنسـانية ، فيتعامل الله أولاً مع الإرادة (خبز الوجوه) ثم يتعامل مع الفكر (المنارة) ، وعندها يكون مسـتعداً أن يطلق عواطفك ، يخشـى بعض الناس من العواطف في الدين ، ولكنّ هذا أمر غير منطقي بما أنّ العواطف جزء جوهري للغاية من الإنسـان ، بالتأكيد من الممكن للعواطـف أن تكون خارج نطاق السيطرة وغير منظمة ، ولكن هذا النموذج الخاص الذي نتبعه يُظهر لنا كيـف نأتي بعواطفنا مرة أخرى لتكون داخل نطاق السـيطرة .

يرغـب الله أن نتحكـم في عواطفنـا لا أن تتحكم فينـا عواطفنا، فالإرادة هي التي تحدد نطاق السيطرة ، فلا يمكنني أن ارقص وأحتفل وأصبح شـخصاً فوضوياً مثل معظم الناس ، ولكن عواطفي ليسـت هي التي تجعلني أفعل هذا بل إرادتي ، فلا يمكنني أن أسمح لعواطفي

أن تملـي علـيّ ما يجـب أن أفعله ، وهذا ليس معناه أنيّ شـخص غير عاطفي ، فلَديَّ مشاعر ، ولكن يجب أن تكون في الإطار السليم .

هناك عبادة نقدمها لله ويجب ألا نقدمها لغيره

أعتقـد أنـه يمكنـك السـيطرة الكاملـة علـى عواطفـك عندما يتـم التعامـل مع إرادتك وذهنـك ، ولكن إن فعلـت الأمر بالعكس فستكون عبداً لعواطفك .

هكـذا فـأن أول خاصية للمذبح هي أنه لـه أربعة جوانب ومربع الشكل ، فهو متساوٍ من جميع الاتجاهات ، **وهذا معناه أن مشاعرك يجـب أن تكون متزنـة، لا أن تكون هناك مشـاعر معينة تطغى على أخرى.**

ثانيـاً : بمـا أن مائدة خبز الوجـوه محمية بحجابـين ، فإن مذبح البخـور الذهبـي محمـي بأحدهما ، فمـا هو الحجاب الـذي يحمي العواطـف ؟ لا شـئ سـوى ضبـط النفـس ، **تذكر أنـك مسـئول عن عواطفك، فلا تسمح لها أن تتحكم فيك.**

ثالثـاً : ترمز النيـران للقوة والنقاوة وانفعـالات النفس ، **فالله يريدنا أن نكون أناساً عطوفين ولا يريدنا أن نكون بلا مشاعر، ولكن لا بد وأن تكون عواطفنا تحت السيطرة ونقية وموجهة.**

قالت كات بـوث كليبـورن وهي ابنــة ويليام بـوث ذات مرة :
«يسوع يحبنا بشدة ، وهو يريدنا أن نحب بشدة» ، بالتأكيد يريد
هذا ، فالعواطف جزء من القداسة ، ولكنها يجب أن تكون في إطار
العلاقة السليمة وتحت السيطرة السليمة .

الجانـب الرابع مــن المذبح الذهبي هــو البخور والـذي يتكلم عن
التكريس المتصاعد من خلال نار الإمتحان ، فاللبان عبارة عن كتلة
سوداء غير جذابة إلى أن تُوضَع في النيران ، عندها تصبح لينة سوداء
ولاصقة ، وفي المقابل ، فالعسل حلو المـذاق وممتع إلى أن تضعه في
النار . وعندها يتحول إلى شيء أسـود لزج وقال الله إنه لا يريد أي
عسل في أي تقدمات للرب مما توضع في النيران ، انظر (لاويين ٢ :
١١) . لا عبـارات ناعمة أو جميلة لأنهـا لـن تحتمل اختبار النيران .

خامساً : ارتفاع الدخـان لأعلى ، عطر جميل ودخـان أبيض هو
العبادة التي يعبر عنها بالتسبيح والعبادة.

سادساً : قرون المذبح يجب أن تنقّى بدم الذبيحة في كل عام في
يوم الكفـارة ، بمعنى آخر لابد وأن تشـتمل عبادتنا على الاعتراف
بأنـه لا يمكننـا الدخول إلى محضـر الله سـوى بدم يسوع ، فلو أننا
سنقدم العبادة بطريق آخر غير دم يسوع ، فلن تكون مقبولة إطلاقاً
لـدى الله ، ويجـب أن يقـدس المذبح بالدم ، وهو أعلـى قطعة أثاث ،

والقرون تجعله في نفس ارتفاع الكاروبيم على كرسي الرحمة تقريباً، هكذا فإنه عندما نبدأ في التسبيح والعبادة فإننا نرتفع مثل دخان البخور إلى أعلى المستويات الروحية.

وأخيراً، فإن المذبح هو التحول من النفس إلى الروح ومن القدس إلى قدس الأقداس، فلا يوجد أي طريق آخر معروف سوى طريق التسبيح والتعظيم والعبادة.

هكذا فإننا نقترب من هذا المكان الداخلي للقداسة باتجاهاتنا الداخلية أي إرادتنا وفكرنا وعواطفنا طبقاً لمتطلبات الله، والآن نحن مستعدون للدخول إلى محضر الله لكي نكتشف العبادة الحقيقية.

الفصل السادس
روحك .. الطريق إلى الأقداس

تجولنا في خيمة الاجتماع، هذا المبنى المكون من ثلاثة أجزاء، والذي يمثّل يمثل طبيعة الإنسان الثلاثية أيضاً، وقد شبهنا أجزاء الخيمة الثلاثة بأجزاء كيان الإنسان الثلاثة، حيث نجد أن الدار الخارجية تمثل الجسد، والقدس يمثل النفس والآن قدس الأقداس الذي يمثل روح الإنسان.

الحجاب الثاني

فيما نترك القدس سنجتاز الحجاب الثاني، ففي يوم الكفارة فقط وهى مناسبة تأتى مرة واحدة فقط فى السنة ويسمح للكاهن فى هذا اليوم أن يدخل إلى ما وراء الحجاب الثاني، فيذهب بالدم من المذبح النحاسي، ومعه المبخرة مملوءة بفحم يحترق بالنار وبخور من مذبح البخور الذهبي، **وهذا لأن الطريق إلى الأقداس هو بدم الذبيحة الأبدية، مع بخور العبادة والتسبيح.** فبدون عبادة ليس لنا الحق في الدخول إلى ما وراء القدس، وحتى نتعلّم العبادة الحقيقية، فإننا

مقيديـن بعالم النفس، فالطريق الوحيـد للخروج من هذا القيد هو بالعبادة المقدسة بالدم. وأنا أرى أن هذا الحجاب يمثل صعود المسيح.

«اَللهُ الَّذِي هُوَ غَنِيٌّ فِي الرَّحْمَةِ، مِنْ أَجْلِ مَحَبَّتِهِ الْكَثِيرَةِ الَّتِي أَحَبَّنَا بِهَا، وَنَحْنُ أَمْوَاتٌ بِالْخَطَايَا أَحْيَانَا مَعَ الْمَسِيحِ - بِالنِّعْمَةِ أَنْتُمْ مُخَلَّصُونَ- وَأَقَامَنَا مَعَهُ، وَأَجْلَسَنَا مَعَهُ فِي السَّمَاوِيَّاتِ فِي الْمَسِيحِ يَسُوعَ» (أفسس ٢ : ٤ - ٦).

فلم نَقُم معه من الأموات وحسـب ولكـن الكتاب المقدس يقول أنـه أقامنـا لكي نجلس معه في السـماويات، **ويمثل الحجـاب الأول القيامـة من الأموات، ويمّثُـل الحجاب الثاني الصعود الذي يأخذنا إلى السماويات ويجلسنا على العرش مع المسيح.**

قدس الأقداس

تذكّر أنه في داخل قدس الأقداس لا يوجد نور فيما عدا حضور الله الشخصـي المرئي المعْلَـن وهو مجد الشـكينة («shekinah»)، حيث تُقَدم العبادة، فلا نحتاج إلى أي مصدر آخر للإضاءة عندما نكون في محضـر الله، وهنا نختبر امتياز العلاقة المباشرة مع الله من شخص لشخص، ومن روح لروح.

ففي قدس الأقداس هناك قطعتا أثاث فقط يحتلان نفس المساحة، الأولى هي تابوت العهد، وفوق التابوت كرسي الرحمة بالكاروبيم واحداً من كل طرف.

ثلاثة من أنشطة الروح
هي العبادة والشركة والإعلان

ليس لأنشطة الروح الثلاثة التى هى العبادة والشركة والإعلان معنى إلا في علاقتها بالله نفسه، فروح الإنسان ميتة ما لم تتحد مع الله، فيمكن أن يعمل جسدك ونفسك دون أي علاقة مباشرة مع الله ولكن الروح لا تحيا إلا في اتصال مباشر مع الخالق، وعندما تنفصل روحك عن الله، فهي ميتة، ومظلمة وعمياء، **لهذا فأن كل أنشطة الروح ليس لها معنى إلا في علاقتها بالله نفسه.**

تابوت العهد

التابوت هو المسيح المعلَن للروح، أو المسيح المعلَن في داخل روحك، بما أن أسلوبنا لتفسير الهيكل هو أن قدس الأقدس يمثل روح الإنسان، وعادة ما يرمز التابوت في الكتاب المقدس إلى المسيح. فعلى سبيل المثال،يُمَثّل فُلْكُ نوح «**أنت في المسيح**»، وتابوت موسى (السفط) يمثل «**المسيح فيك**»، فكلاهما يرمز إلى العلاقات طبقاً للعهد الجديد.

كان تابوت العهد مصنوعاً من خشب السنط، وكذلك كل الخشب المستخدم في خيمة الاجتماع، وقد غُشّيا كلاهما من داخل

وخارج بالذهب، ويرمز الخشب إلى إنسانية يسوع، ويرمز الذهب إلى لاهوته، ففي التابوت هناك ثلاثة أشياء: لوحي الحجر اللذان كُتبت عليهما الوصايا العشر، والوعاء الذهبي الذي يحوي المن، وعصا هارون، والتي سننظر فيها بمزيد من التفصيل، وقد تم فيما بعد استبدال خيمة الاجتماع بمبنى آخر، وهو الذي أصبح مكان سكنى الله في إسرائيل وهو الهيكل الذي بناه سليمان، وعندما أتوا بتابوت العهد إلى هيكل سليمان تغيّرت محتوياته:

«وأدخل الْكَهَنَةُ تَابُوتَ عَهْدِ الرَّبِّ إِلَى مَكَانه فِي مِحْرَابِ الْبَيْتِ فِي قُدْسِ الأَقْدَاسِ إِلَى تَحْتَ جَنَاحَيِ الْكَرُوبَيْنِ. كَانَ الْكَرُوبَانِ بَاسِطَيْنِ أَجْنِحَتَهُمَا عَلَى مَوْضِعِ التَّابُوتِ. وَظَلَّلَ الْكَرُوبَانِ التَّابُوتَ وَعِصِيَّهُ مِنْ فَوْقُ. وَجَذَبُوا الْعِصِيَّ فَتَرَاءَتْ رُؤُوسُ الْعِصِيِّ مِنَ التَّابُوتِ أَمَامَ الْمِحْرَابِ وَلَمْ تُرَ خَارِجًا، وَهِيَ هُنَاكَ إِلَى هذَا الْيَوْمِ. لَمْ يَكُنْ فِي التَّابُوتِ إِلاَّ اللَّوْحَانِ اللَّذَانِ وَضَعَهُمَا مُوسَى فِي حُورِيبَ حِينَ عَاهَدَ الرَّبُّ بَنِي إِسْرَائِيلَ عِنْدَ خُرُوجِهِمْ مِنْ مِصْرَ» (٢ أخبار ٥: ٧ - ١٠).

وقد أُخذ الوعاء الذهبي الذي يحوي المن وعصا هرون التي أفرخت من التابوت بعدما استُبدِلت خيمة الاجتماع بالهيكل، وأعتقد أن الخيمة صورة للكنيسة في العصر الحاضر حيث الأضواء والتليفون المحمول والأمور الوقتية، فكل شيء به عوارض خشبية

حتى يمكن حمله، فيمكن فك كل شيء ونقله وإعادة تركيبه مرة أخرى، فهذه هي الكنيسة في نظامها الجديد.

وأعتقد أن هيكل سليمان هو الكنيسة في العصر التالي حيث ستكون مؤسسة ودائمة ومجيدة وتملك بقوة مرئية، أما الآن فهي تملك بصورة غير مرئية أي روحية.

وقد أُخذ شيئان من تابوت العهد، الأول وعاء المن الذهبي الذي يخبأ فيه المن، ولن يكون مخبئاً في العصر التالي، وعصا هرون التي أفرخت وهى ترمز لقوة الله وسلطانه.

وفى العصر التالي ستكون ظاهرة بكل وضوح، ولكن لوحي الشريعة ما زالا في تابوت العهد.

لوحي الحجر

يمثل لوحي الشريعة ناموس الله الأبدي الأزلي البار، فهناك ناموس في الكون يعبر عن بر الله، فهو ناموس غير متغير وأبدي مثل الله نفسه، ويخبرنا (مزمور ٤٠) عن الناموس في علاقته بالمسيح

«حِينَئِذٍ قُلْتُ: «هأَنَذَا جِئْتُ. بِدَرْجِ الْكِتَابِ مَكْتُوبٌ عَنِّي: أَنْ أَفْعَلَ مَشِيئَتَكَ يَا إِلهِي سُرِرْتُ، وَشَرِيعَتُكَ فِي وَسَطِ أَحْشَائِي» (مزمور ٤٠ : ٧-٨)

يشير وجود لوحي الشريعة في التابوت إلى المسيح، فناموس الله في قلبه وهو لم يكسر حرفاً واحداً من الناموس الأبدي لبر الله.

إن شرط أن نكون شعب الله هو أن يكون ناموسه مكتوباً على قلوبنا

قدّم الله لوحي الشريعة لإسرائيل أول مرة ولكن عندما نزل موسى من الجبل بعدما حصل عليهما، كان إسرائيل قد كسـر الوصية الأولى مـن النـاموس فعليـاً بعبادته للوثن، وفي المرة التالية التي ذهب فيها موسـى إلى الجبل قـال الله: «انحت لـك لوحين من حجـر مثل الأولين فاكتب أنا على اللوحين» ولكن في المرة الثانية لم يسمح لموسى بعرض لوحي الشريعة لإسرائيل، فقد أمره الله أن يضعهمـا داخل التابوت، وعندها تم تغطية لوحي الشـريعة بكرسي الرحمة، ومنذ ذلك الوقت فصاعـداً أصبحت خطيةً تسـتحق عقوبـة الموت لو أن شخصاً ما رفع الغطـاء عن التابوت، فهذه هي نهاية الإنسان الـذي يحاول أن يحفظ النـاموس بمجهوداته، فقد حاول مرة وفشل قبـل أن ينزل الناموس من علـى الجبـل، لهذا قـرّرَ الله أنّ هذه هـي نهايـة هذا الأمر ووضع طريقة أخرى له، فليس الإنسـان هو الذي يحفظ الناموس ولكن المسيح الموجود في الإنسـان والنـاموس في قلبه (المسـيح) هو الطريـق الوحيد للبر.

فالتابوت فيك والناموس في التابوت، والمسيح هو التابوت، وتظهر الرسـالة إلى العبرانيين هذه الحقيقة عن المسـيح الذي فينا واضحاً الناموس في قلبه:

«لأَنَّهُ يَقُولُ لَهُمْ لائِمًا: «هُوَذَا أَيَّامٌ تَأْتِي، يَقُولُ الرَّبُّ، حِينَ أُكَمِّلُ مَعَ بَيْتِ إِسْرَائِيلَ وَمَعَ بَيْتِ يَهُوذَا عَهْدًا جَدِيدًا. لاَ كَالْعَهْدِ الَّذِي عَمِلْتُهُ مَعَ آبَائِهِمْ يَوْمَ أَمْسَكْتُ بِيَدِهِمْ لأُخْرِجَهُمْ مِنْ أَرْضِ مِصْرَ، لأَنَّهُمْ لَمْ يَثْبُتُوا فِي عَهْدِي، وَأَنَا أَهْمَلْتُهُمْ، يَقُولُ الرَّبُّ» (عبرانيين ٨ : ٨ - ٩).

لقد نُحي هذا العهد جانباً لأنّ إسرائيل كسره منذ البداية:

«لأَنَّ هذَا هُوَ الْعَهْدُ الَّذِي أَعْهَدُهُ مَعَ بَيْتِ إِسْرَائِيلَ بَعْدَ تِلْكَ الأَيَّامِ، يَقُولُ الرَّبُّ: أَجْعَلُ نَوَامِيسِي فِي أَذْهَانِهِمْ، وَأَكْتُبُهَا عَلَى قُلُوبِهِمْ، وَأَنَا أَكُونُ لَهُمْ إِلهًا وَهُمْ يَكُونُونَ لِي شَعْبًا» (عبرانيين ٨ : ١٠).

هذا هو الشرط لكي تكون من شعب الله أن يكون لديك ناموس الله لا على لوحي حجر مُعلقين على الجدار ولكنْ مكتوبين في قلبك، فهذا ما يجعلك من شعب الله، كتب بولس:

«فَصِرْتُ لِلْيَهُودِ كَيَهُودِيٍّ لأَرْبَحَ الْيَهُودَ. وَلِلَّذِينَ تَحْتَ النَّامُوسِ كَأَنِّي تَحْتَ النَّامُوسِ لأَرْبَحَ الَّذِينَ تَحْتَ النَّامُوسِ. وَلِلَّذِينَ بِلاَ نَامُوسٍ كَأَنِّي بِلاَ نَامُوسٍ - مَعَ أَنِّي لَسْتُ بِلاَ نَامُوسٍ للهِ، بَلْ تَحْتَ نَامُوسٍ لِلْمَسِيحِ - لأَرْبَحَ الَّذِينَ بِلاَ نَامُوسٍ» (١ كورنثوس ٩ : ٢٠ - ٢١).

في الواقع هذه ليست الترجمة الدقيقة للكلمة، فقصد بولس: «أنا في الناموس في المسيح لأن المسيح هو حافظ الناموس لأجلي، فعندما

يملك المسيح على قلبي ، فناموس المسيح يملك في قلبي ، وذلك من خلال المسيح الذي في قلبي ، ولكن لست أنا الذي أحفظ الناموس ، ولكن المسيح الذي يُحيي الناموس بكامله في قلبي ، فأنا متكل بالتمام على المسيح ، والمسيح في رجاء المجد» أنظر (كولوسي ١ : ٢٧) .

وعاءُ المَنَ الذهبي

ثم نأتي إلى وعاء المن الذهبي الذي تم جمعه من الوقت الذي قدم فيه الله لشعبه الطعام وهو في البريـة ، ويخبرنا يوحنا عن المن وهو يقتبس كلمات يسوع قائلاً :

«أَنَا هُوَ خُبْزُ الْحَيَاة. آبَاؤُكُمْ أَكَلوا الْمَنَّ فِي الْبَرِّيَّة وَمَاتُوا. هذَا هُوَ الْخُبْزُ النَّازِلُ مِنَ السَّمَاء، لِكَيْ يَأْكُلَ مِنْهُ الإِنْسَانُ وَلاَ يَمُوتُ» (يوحنا ٦ : ٤٨ ـ ٥٠) .

من الواضح جداً أنّ المسيح يقول : «أنا هو المن الحقيقي ، أي الخبز الحقيقي الآتي من السماء ، ففيما بعد قال شيئاً عظيماً :

«كَمَا أَرْسَلَني الآبُ الْحَيُّ، وَأَنَا حَيٌّ بِالآب، فَمَـنْ يَأْكُلْني فَهُوَ يَحْيَا بِي» (يوحنا ٦ : ٥٧) .

في الواقع يقول يسوع : «لي الحياة باتحادي مع الآب ، ومن يؤمن بي سـيكون له حياة باتحاده معي كما أنّي متحد مع الآب ، وفي هذا

الاتحـاد بي ، سـيتغذى عليّ ، وسـأكون أنا هو المـن المُخفَى في قلبه ، وبهذا المن سيتغذى يوماً فيوم » .

في سـفر الرؤيا يتحدث يسـوع إلـى كل المؤمنين في الكنيسـة ويعطينا هذا الوعد عن المن المُخفى :

« **مَنْ لَهُ أُذُنٌ فَلْيَسْمَعْ مَا يَقُولُهُ الرُّوحُ لِلْكَنَائِسِ. مَنْ يَغْلِبُ فَسَأُعْطِيهِ أَنْ يَأْكُلَ مِنَ الْمَنِّ الْمُخْفَى** » (رؤيا ٢ : ١٧) .

هـذا هو المن في الوعـاء الذهبي ، فنحن نتغذى بالمسـيح المن من خـلال تواصلنا الروحـي الداخلي معه ، وعندما نتغـذى به نحيا به كما يحيا هو باتحاده مع الآب ، فهذا هو الاتحاد الروحي الداخلي مع المسيح في داخلنا حيث يصبح هو المن المُخفى في قلوبنا .

عصا هارون التي أفرخت

أما الشـيء الثالث فهو عصا هارون التي أفرخت والتي اسـتخدمها موسـى فى صنع معجزات الله أمام فرعون وسحرته ، فإن بعضاً من قادة الأسـباط فى إسـرائيل تحّدوا سـلطان هارون كرئيس كهنـة ، وبصفته الشـخص الوحيـد الذي له حق الدخول إلى قـدس الأقداس ، وقال الله : « سـنحلّ هـذا الأمر مـرة واحدة وللأبـد ، فليأت كل واحد من رؤسـاء الأسـباط لي بعصاه » ، فالعصا رمز لسـلطان كلّ سـبط ، وقد كتب كلّ

إنسان اسمه على عصاه، وكما أمرهم الله فقد وضعوا كلّ عصيهم أمامه، ورجعوا بعد أربع وعشرين ساعة، وعندما رجعوا كانت الإحدى عشرة عصًا كما تركوها أما العصا الثانية عشرة فقد أفرخت لتأتي ببراعم ولوز كامل في أربع وعشرين ساعة فقط، وكان اسم هارون على العصا التي أفرخت، لقد أيد الله سلطان هارون انظر (عدد ١٧ : ١ - ١٠).

والاسم المكتوب اليوم على العصا ليس اسم هارون بل يسوع، فبقيامته من الأموات صَّدق الله على ألوهية يسوع، لهذا فإن العصا دليل إلهي وهي تأتي من الإعلان الإلهي، فعندما يكون لديك إعلان ودليل، فلديك سلطان.

والآن لدينا صورة لما هو في داخل قدس الأقداس، فالثلاثة أشياء الموجودة في داخل التابوت تمثل ما يلي، وأعتقد أنها يجب أن تكون بنفس هذا الترتيب: العبادة، والشركة، والإعلان. ومن خلال منهجنا في العبادة تأتي الشركة، وبدون عبادة لا يمكن أن يكون لك شركة، فالله لن يكون في شركة مع شخص ما يقترب بعدم رهبة أو بتعجل، أماعندما تقترب عابداً فإنك تدخل في الشركة، وتبدأ فى التغّذى على المن المُخفى في الوعاء الذهبي، ومن العبادة والشركة يأتي الإعلان عن فكر الله وإرادته وهدفه، فيضئ مجد الشكينة «Shekinah» في هذا المكان.

كرسي الرحمة

الآن بعدما تناولنا تابوت العهد لننظر إلى كرسي الرحمة الذي يغطي التابوت، وكما ذكرت سابقاً فإن التابوت هو المسيح، وخارج المسيح لا توجد رحمة ولا قبول ولا حياة، فلو أنك في التابوت فأنت فى ظل الرحمة.

باللغة العربية «**مُتَبَرِّرِينَ مَجَّانًا بِنِعْمَتِهِ بِالْفِدَاءِ الَّذِي بِيَسُوعَ الْمَسِيحِ، الَّذِي قَدَّمَهُ اللهُ كَفَّارَةً بِالإِيمَانِ بِدَمِهِ**» (رومية ٣ : ٢٤-٢٥).

فكفارة المسيح وذبيحته هي كرسي الرحمة، فهي المكان الذي يغطي الناموس المكسور، ولوحي الحجر الذي لم يستطع أي منا أن يبل ما فيهما أو يحفظه، والآن أصبح كرسي الرحمة عرشاً للنعمة:

«**فَلْنَتَقَدَّمْ بِثِقَةٍ إِلَى عَرْشِ النِّعْمَةِ لِكَيْ نَنَالَ رَحْمَةً وَنَجِدَ نِعْمَةً عَوْنًا فِي حِينِهِ**» (عبرانيين ٤ : ١٦).

يمكننا أن نخطو بكل جرأة نحو عرش النعمة لأن حيث نلتقي بالله على حساب عمل المسيح الكفاري الذي يغطي الناموس المكسور.

وعلى التابوت هناك نحت يصُور اثنين من الملائكة الكاروبيم قد صُنِعا من الذهب المطروق وينحني كل منهما على أحد طرفى التابوت ووجهاهما إلى الداخل الواحد تجاه الآخر، وأجنحتهما

مفرودة حيث تتقابل أطرافها على كرسي الرحمة ، وهنا مرة أخرى نرى نفس الثلاثة أنشطة أي العبادة والشركة والإعلان ، فالأجنحة المنحنية للكاروبيم هي العبادة ، الأوجة الموجهة إلى الداخل الواحد تجـاه الآخـر هي الشـركة ، وقد قال الله إنـه عندما تتقابـل الأجنحة الوجوه فإنه سيعلن مجده .

«وَيَكُونُ الْكَرُوبَانِ بَاسِطَيْنِ أَجْنِحَتَهُمَا إِلَى فَوْقُ، مُظَلِّلَيْنِ بِأَجْنِحَتِهِمَا عَلَى الْغِطَاءِ، وَوَجْهَاهُمَا كُلُّ وَاحِدٍ إِلَى الآخَرِ. نَحْوَ الْغِطَاءِ يَكُونُ وَجْهَا الْكَرُوبَيْنِ. وَتَجْعَلُ الْغِطَاءَ عَلَى التَّابُوتِ مِنْ فَوْقُ، وَفِي التَّابُوتِ تَضَعُ الشَّهَادَةَ الَّتِي أُعْطِيكَ. وَأَنَا أَجْتَمِعُ بِكَ هُنَاكَ وَأَتَكَلَّمُ مَعَكَ، مِنْ عَلَى الْغِطَاءِ مِنْ بَيْنِ الْكَرُوبَيْنِ اللَّذَيْنِ عَلَى تَابُوتِ الشَّهَادَةِ، بِكُلِّ مَا أُوصِيكَ بِهِ إِلَى بَنِي إِسْرَائِيلَ» (خروج ٢٥ : ٢٠ ـ ٢٢) .

> يمكننا أن نتقدم بكل جرأة إلى عرش النعمة
> لأن الله يعلن عن حضوره هناك

هنا يجلس المسيح كملك وككاهن على عرشه ، أعتقد أن الحياة داخـل التابوت لابد وأن تسبق الحياة على العرش ، فالحياة المخبأة فـي التابوت هي التي تعطيك القدرة على الدخول إلى العرش ، فلابـد وأن تكون هناك حياة عبـادة داخلية ، أو انحناء أمام الناموس الأبدي ، فلو لم تخضع في سـجود أمام ناموس الله فستفقد الحق في

الدخـــول إلـــى الله ، فعليك كيف تتعلم أن تتغـــذّى على المن المُخفى ، ويجـــب أن تحصل على عصا تفـــرخ بطريقة خارقة للطبيعة بســـبب الإعلان الإلهي .

وعندمـــا نأتي إلى التابـــوت يمكننا أن نتجه إلى كرســـي الرحمة ونجلس على العرش ، يريد يسوع أن يشركك معه في عرشه ، ولكن هنـــاك طريقة معينة ، ألا وهـــي خطوة بخطـــوة ، لا أعتقد أنه يمكنك أن تتخطـــى أيّاً من هـــذه المراحل ، فهناك فقط طريقة واحدة للدخول للأقداس وهي مثل الخريطة ، فهي مرسومة ببساطة لدرجة أنّ الطفل الذّكي ذي العشرة أعوام يمكنه بسهولة أن يفهمها بمجرد أن يعلنها له الله .

وهنا لدينا ما أدعوه «المنتَج النهائي» للدخول إلى قدس الأقداس ، فهناك عبادة أي شـــركة حميمة وغِذاء من الله ، وهناك الإعلان الذي يعلن ســـلطان الله ، وهناك ناموس الله الأبـــدي للبر الذى يضع ختمه على ضمائرنا ، هذه هي غاية التقدم في العبادة ، فنبدأ بالدار الخارجية مع المذبح النحاســـي الذي يرمز لموت المســـيح ، فنحن نجتاز الحجاب الأول الـــذى يرمز لقيامة المســـيح إلى القدس حيث نعطي الله إرادتنا وفكرنا ومشـــاعرنا ، وبعدها ندخل إلى الحجـــاب الثاني الذي يرمز إلى صعود المسيح وإلى حضور الله الدائم .

بذلك نكـون قد دخلنـا إلى العبـادة فإن العبادة ليسـت مجرد كلمات ننطق بها بل هي اتجاه ، فهي ليست تسبيحاً على الرغم من أنهما قد يختلطان معاً ، فالعبادة اتجاه تقترب به إلى الله ، والعبادة لها علاقـة بلوحي الحجر في تابوت العهـد ، فهي الخضوع التام لناموس بـر الله الـذي لا يتغير ولا يلتوي ولا يمكن تعديه ، فهي الرهبة التامة عند الاقتراب من الله .

فيما تتقدم في الخيمة فإن كل جانب سيصبح أصغر وأصغر كلما اقتربت من الله ، وأخيراً في قدس الأقداس سـتكون في المكان المثالي الذي على شكل مكعب تام ، فطوله عشرة أذرع وعرضه عشرة أذرع وارتفاعه عشرة أذرع ، ولن يجذبك أي شيء آخر سوى الله وهذه هي الطريقـة التي خُطط بها للأمر ، فهناك شـئ ما فـي داخلنا ينمو في مهابة الآب كلما اقتربنا بهذا الاتجاه ، فيأتي معظمنا لله طلباً لأشياء إذ نريد البـركات أونريد القوة أو نريد الشفاء ، الله يريدنا أن نأتي ببساطة لأجله، وهكذا فإننا لا نأتي إلى هذا المكان إلا إذا أتينا إلى الله لأجل الله نفسـه، فنقترب من الله بصفته الله، ونعبده وننحني أمامه ونتغذى منه، ونتمتع به وعندها يأتي الإعلان.

الفصل السابع

بركات العهد الجديد الأربع

إنــي علــى اقتناع تام بأن الرســالة إلى العبرانيين ســتفقد معناها بالنســبة لنا إن لم نكن على دراية بخيمة الاجتماع لأنّ كل الرسالة قائمــة على خيمة الاجتماع وعلى الكهنوت، يقال أحياناً أن ســفر اللاويــين هو عبرانيين العهــد القديم أو العبرانيين هــي لاويين العهد الجديــد أيا كانت الصياغة التــي تفضلها، نرى في (عبرانيين ١٠) تطبيقاً واضحاً لما تعلّمناه:

«فَـإِذْ لَنَا أَيُّهَا الإِخْـوَةُ ثِقَةٌ بِالدُّخُولِ إِلَى «الأَقْدَاسِ» بِدَمِ يَسُـوعَ، طَرِيقًا كَرَّسَهُ لَنَا حَدِيثًا حَيًّا، بِالْحِجَابِ، أَيْ جَسَدِهِ، وَكَاهِنٌ عَظِيمٌ عَلَى بَيْتِ اللهِ، لِنَتَقَدَّمْ بِقَلْبٍ صَـادِقٍ فِي يَقِينِ الإِيمَانِ، مَرْشُوشَـةً قُلُوبُنَا مِنْ ضَمِيرٍ شِرِّيرٍ، وَمُغْتَسِلَةً أَجْسَادُنَا بِمَاءٍ نَقِيٍّ» (عبرانيين ١٠ : ١٩-٢٢).

تذكُر تلــك الآيات أربع بركات عظيمة للعهــد الجديد والأربعة متطلبــات الأســاســية للعابد والســاجد الحقيقي، وفي هــذا الفصل سأتناول بالتفصيل الأربع بركات المذكورة.

انفتح قدس الأقداس

يا له من امتياز عجيب، فمما يحفز قدرتي على التعبير حقيقة أنّ لنا الحق في الدخول مباشرة إلى محضر الله القدير، فقد كان العائق أمام هذا الدخول هو طبيعة الإنسان الجسدية الخاطئة، ولكن تم التعامل مع هذا الأمر في الصليب كما هو مذكور في الرسالة إلى رومية:

«لأَنَّهُ مَا كَانَ النَّامُوسُ عَاجِزًا عَنْهُ، فِي مَا كَانَ ضَعِيفًا بِالْجَسَدِ، فَاللهُ إِذْ أَرْسَلَ ابْنَهُ فِي شِبْهِ جَسَدِ الْخَطِيَّةِ، وَلأَجْلِ الْخَطِيَّةِ، دَانَ الْخَطِيَّةَ فِي الْجَسَدِ» (رومية ٨ : ٣).

لا يمكن للناموس أن يفعل هذا لأنه لا يوجد أي شيء خطأ فالناموس، قال بولس أن الناموس مقدّس وعادل وصالح، انظر (رومية ٧ : ١٢). فكل وصايا الناموس صحيحة، ومع ذلك يمكنني أن أنظر إلى لوحي الحجر وكل المواد الأخرى التي كُتب عليها الناموس وأقول: «سأفعلها»، ولكنْ هناك شئ ما في داخلي يقول: «لا، لن تفعلها، في الحقيقة كلما بذلت جهداً أكبر في فعلها زاد فشلك» وقد عبر بولس عن الأمر هكذا:

«لأَنِّي لَسْتُ أَعْرِفُ مَا أَنَا أَفْعَلُهُ، إِذْ لَسْتُ أَفْعَلُ مَا أُرِيدُهُ، بَلْ مَا أُبْغِضُهُ فَإِيَّاهُ أَفْعَلُ. فَإِنْ كُنْتُ أَفْعَلُ مَا لَسْتُ أُرِيدُهُ، فَإِنِّي أُصَادِقُ النَّامُوسَ أَنَّهُ

حَسَنٌ. فَالآنَ لَسْتُ بَعْدُ أَفْعَلُ ذلكَ أَنَا، بَلِ الْخَطِيَّةُ السَّاكِنَةُ فِيَّ.... إِذًا أَجِدُ النَّامُوسَ لِي حِينَمَا أُرِيدُ أَنْ أَفْعَلَ الْحُسْنَى أَنَّ الشَّرَّ حَاضِرٌ عِنْدِي» (رومية ٧ : ١٥ ـ ١٧ ، ٢١) .

في اللحظة التي أحاول أن أحفظ فيها الناموس تؤكد طبيعتي الجسدية المتمردة على وجودها ، وكلما حاولت أن أكون صالحاً أصبحت أسوأ ، وقد اكتشفت هذا في سن الخامسة عشر عندما انضممت إلى الكنيسة الإنجليكانية ، فقد قررت فعلاً أنه قد حان الوقت لكي أكون أفضل مما كنت عليه لفترة طويلة ، وقلت : « هذا هو الحل ، سأنضم لهذه الكنيسة وسأحضر الاجتماعات وسأكون صالحاً » . ولم أَصِل إلى هذه الدرجة من السوء إلا بعدما صممت على هذا الأمر .

إن المشكلة هي الثقة في النفس : « **هكَذَا قَالَ الرَّبُّ: مَلْعُونٌ الرَّجُلُ الَّذِي يَتَّكِلُ عَلَى الإِنْسَانِ، وَيَجْعَلُ الْبَشَرَ ذِرَاعَهُ، وَعَنِ الرَّبِّ يَحِيدُ قَلْبُهُ**» (إرميا ١٧ : ٥) ، عندما تقول : « هذا هو الناموس ، وأنا أفعله » ، فأنت بهذا تضع ثقتك في نفسك وتدخل تحت اللعنة . «**مَلْعُونٌ مَنْ لاَ يُقِيمُ كَلِمَاتِ هذَا النَّامُوسِ لِيَعْمَلَ بِهَا. وَيَقُولُ جَمِيعُ الشَّعْبِ: آمِينَ**» (تثنية ٢٧ : ٢٦) فإن قررت أن تكون تحت الناموس فعليك أن تفعل كل الناموس طوال الوقت ، وإن لم تستطع هذا فليس لك عذر في كسر أي نقطة من نقاط الناموس لمرة واحدة لأنك بهذا تكون قد كسرت الناموس للأبد ، فإما الكل أو لا شئ على الإطلاق .

إن قررت أن تكون تحت الناموس فعليك أن تتمم كل الناموس طوال الوقت

أدرك أنّ الناموس صالح، فهناك شيء ما في داخلي يقول: «هذا صحيح، فهذه هي الطريقة التي يجب أن أعيش بها» «فَإِنِّي أُسَرُّ بِنَامُوسِ اللهِ بِحَسَبِ الإِنْسَانِ الْبَاطِنِ» (رومية ٧ : ٢٢)، ولكن هناك شئ آخر في داخلي، إنّه التمرد

«**وَلكِنِّي أَرَى نَامُوسًا آخَرَ فِي أَعْضَائِي يُحَارِبُ نَامُوسَ ذِهْنِي، وَيَسْبِينِي إِلَى نَامُوسِ الْخَطِيَّةِ الْكَائِنِ فِي أَعْضَائِي**» (رومية ٧ : ٢٣).

إنّ كلمة يسبيني تنطبق على «أسير حرب»، وكأن بولس يقول: «لقد خرجت لأحارب لأجل الله، وقد انتهى بي الأمر في المكان الخطأ، إذ يبدو أنني أحارب الله، وأني أسير في الحرب، ولكني لا أفعل هذا عمداً، ولكنْ هناك شيٌ يأسرني، ولا يمكنني مقاومته».

«**وَيْحِي أَنَا الإِنْسَانُ الشَّقِيُّ! مَنْ يُنْقِذُنِي مِنْ جَسَدِ هذَا الْمَوْتِ؟ أَشْكُرُ اللهِ بِيَسُوعَ الْمَسِيحِ رَبِّنَا! إِذًا أَنَا نَفْسِي بِذِهْنِي أَخْدِمُ نَامُوسَ اللهِ، وَلكِنْ بِالْجَسَدِ نَامُوسَ الْخَطِيَّةِ**» (رومية ٧ : ٢٤ - ٢٥).

هذه ترجمة ركيكة، فالترجمة الأفضل ستكون: «إن كان الأمر بيدي، فيمكنني أن أخدم ناموس الله بذهني، ولكن بطبيعتي

الجسـدية أنا عبد لناموس الخطية ولا يمكننـي أن أُغيّر الأمر » إذن ما هو العلاج؟

«لأَنَّهُ مَا كَانَ النَّامُوسُ عَاجِزًا عَنْهُ..» (رومية ٨ : ٣) .

لا يمكن للناموس أنْ يغيّر طبيعتي ، فهو يخبرني ما أفعله ، ولكن لا يمكنه أن يعطيني القوة لكي أفعله .

«لأَنَّهُ مَا كَانَ النَّامُوسُ عَاجِزًا عَنْهُ، فِي مَا كَانَ ضَعِيفًا بِالْجَسَدِ، فَاللهُ إِذْ أَرْسَلَ ابْنَهُ فِي شِبْهِ جَسَدِ الْخَطِيَّةِ، وَلأَجْلِ الْخَطِيَّةِ، دَانَ الْخَطِيَّةَ فِي الْجَسَدِ» (رومية ٨ : ٣) .

في جسد مَنْ دان الخطية؟ في جسـد يسـوع ، وقد تعامل الله مع الخطية في جسـد يسـوع ، فأصبح جسده ذبيحة خطيـة ، فهذا هو المـكان الذي تم فيه التعامـل مع الخطية لمرة واحدة وللأبد ، فعندما نقدر قيمة هذا نصبح أحراراً من الأسر ومن ذنب الخطية .

لهـذا فإنـه بالرجـوع إلـى هذا الجـزء المذكور في الرسـالة إلى العبرانيـين نقـرأ : «طَرِيقًا كَرَّسَهُ لَنَا حَدِيثًا حَيًّا، بِالْحِجَابِ، أَيْ جَسَدِهِ» (عبرانيين ١٠ : ٢٠) .

إنّ طبيعتنـا الجسـدية هي الحجـاب وهي التي صُلبت في جسـد يسـوع ، فلم يكن بإمكاننـا أن نجتاز هذا الحجـاب لنقترب من الله ،

وكان لابـد وأن يُرْفَـع هـذا الحجاب ، ومـن ثَمّ التعامل مع مشكلة الطبيعة الجسـدية ، وقد تم التعامل معها في جسـد المسـيح ، فعندما تمزق جسده على الصليب لأجل خطايانا انشق الحجاب أيضاً .

وقـد بُنـي الهيكـل علـى نفس النمط ، فهـو مَبْنَـىً ثلاثي ، مثله مثـل خيمة الاجتماع يتكـون من الدار الخارجيـة ، والقدس ، وقدس الأقـداس ، والهيكل ببسـاطة كان أكثر ثباتاً ودوامـاً ، فوفقاً للنظام الإلهي فإن قدس الأقداس كان منفصلاً من خلال هذا الحجاب المجيد والسميك الذى لا يكشف عما ورائه ، ولكن عندما مات يسوع على الصليب خارج مدينة أورشـليم ، حدث شـيء ما للحجاب في قدس الأقداس في ذات اللحظة التى صرخ فيها يسوع وأسلم الروح .

«وَإِذَا حِجَابُ الْهَيْـكَلِ قَدِ انْشَـقَّ إِلَى اثْنَـيْنِ، مِنْ فَوْقُ إِلَى أَسْفَلُ» (متى ٢٧ : ٥٠ ـ ٥١) .

لا تشـك أبـداً فيمـا يتعلق بالمكان الـذي تأتي منـه المبادرات ، لأنها تأتي من الله وليس من الإنسـان ، فقد انشق الحجاب من أعلى لأسـفل ، وانفتح الطريق إلى الأقداس من خلال موت يسوع لأنه في جسده على الصليب أدان الله كل خطية وأبعدها ، والآن انفتح قدس الأقداس لنا .

الجرأة بدم يسوع

لنرجع مرة أخرى إلى (عبرانيين ١٠) لنرى بركة العهد الجديد الثانية:

«فَإِذْ لَنَا أَيُّهَا الإِخْوَةُ ثِقَةٌ بِالدُّخُولِ إِلَى «الأَقْدَاسِ» بِدَمِ يَسُوعَ، طَرِيقًا كَرَّسَهُ لَنَا حَدِيثًا حَيًّا، بِالْحِجَابِ، أَيْ جَسَدِهِ» (عبرانيين ١٠: ١٩-٢٠).

كلمة ثقة ليست بالأساس كلمة ذاتية ولكنها كلمة موضوعية، بمعنى آخر فأنا لا أشعر بثقة عاطفية، ولكن لديّ ثقة شرعية قانونية تأتي من حق مطلق في الدخول، وهذا الحق ليس محل نزاع، وسواء كنت أشعر بالثقة أم لا فذلك أمر ثانوي، وهذا أمر هام يجب أن نفهمه، فكلمة ثقة هنا قد تكون مضللة إلى حد ما، لأن المعنى في حقيقته يتضمن حقاً أكيداً في الدخول بدم يسوع.

في سفر اللاويين، لدينا طقوس العهد القديم لليوم المحدد الذي يسمح فيه لرئيس الكهنة بالدخول إلى قدس الأقدس مرة واحدة كل عام وذلك في يوم الكفارة، حالياً يدعو اليهود هذا اليوم «يوم الكفارة Kippur yom»، أي يوم التغطية وهو مازال يوماً للصوم والحزن بين اليهود المشتتّين، ويُعَدُّ هذا الإصحاح بأكمله عرضاً رائعاً آخر عن حقيقة الدخول إلى الأقداس ولكني أريد أن أتعامل تحديداً مع دم ذبيحة الخطية:

«وَيُقَدِّمُ هَارُونُ ثَوْرَ الْخَطِيَّةِ الَّذِي لَهُ وَيُكَفِّرُ عَنْ نَفْسِهِ وَعَنْ بَيْتِهِ، وَيَذْبَحُ ثَوْرَ الْخَطِيَّةِ الَّذِي لَهُ، وَيَأْخُذُ مِلْءَ الْمَجْمَرَةِ جَمْرَ نَارٍ عَنِ الْمَذْبَحِ

مِنْ أَمَامِ الرَّبِّ، وَمِلْءَ رَاحَتَيْهِ بَخُورًا عَطِرًا دَقِيقًا، وَيَدْخُلُ بِهِمَا إِلَى دَاخِلِ الْحِجَابِ» (لاويين ١٦ : ١١ - ١٢).

لاحظ أنه لابد من اتحاد الدم الذي على المذبح والبخور الذي على المذبح حتى يمكنك الدخول عبر الحجاب.

«وَيَجْعَلُ الْبَخُورَ عَلَى النَّارِ أَمَامَ الرَّبِّ، فَتُغَشِّي سَحَابَةُ الْبَخُورِ الْغِطَاءَ الَّذِي عَلَى الشَّهَادَةِ فَلاَ يَمُوتُ» (لاويين ١٦ : ١٣).

هذه ليست مراسم دينية فارغة، فهذه معناها إما حياة أو موت بالنسبة للكاهن ولكلّ الأمة، فلو أنه في أي وقت لم يُقبل الكاهن فإن الأمة كلها ستفقد وموقفها أمام الله، فهو ممثلها:

«ثُمَّ يَأْخُذُ مِنْ دَمِ الثَّوْرِ وَيَنْضِحُ بِإِصْبَعِهِ عَلَى وَجْهِ الْغِطَاءِ إِلَى الشَّرْقِ. وَقُدَّامَ الْغِطَاءِ يَنْضِحُ سَبْعَ مَرَّاتٍ مِنَ الدَّمِ بِإِصْبَعِهِ» (لاويين ١٦ : ١٤).

يخبرنا رقم سبعة أنه بالروح القدس، وهكذا أيضاً فإن يسوع: «الَّذِي بِرُوحٍ أَزَلِيٍّ قَدَّمَ نَفْسَهُ لِلّهِ بِلاَ عَيْبٍ» (عبرانيين ٩ : ١٤)، فقد كان الدم يرش على كرس الرحمة وأمامه، وللدم مكانه البارز ضمن طقوس الخيمة، فبدون الدم لن يكون هناك دخول.

نرى ما يقابل هذا في العهد الجديد، فلم تنبع كفارة يسوع من الأرض بل من السماء، وهذا ما تخبرنا به الرسالة إلى العبرانيين بكل وضوح:

«الَّذِي هُوَ لَنَا كَمِرْسَاةٍ لِلنَّفْسِ مُؤْتَمَنَةٍ وَثَابِتَةٍ، تَدْخُلُ إِلَى مَا دَاخِلَ الْحِجَابِ، حَيْثُ دَخَلَ يَسُوعُ كَسَابِقٍ لأَجْلِنَا» (عبرانيين ٦ : ١٩ - ٢٠).

هنا لا نتحدث عن خيمة الاجتماع الأرضية، ولكننا نتحدث عن خيمة الاجتماع السماوية السماويات، فيسوع قد اجتاز الحجاب، فأول من دخل هو ممثلنا وهو من يقول: «هناك آخرون ورائي، ومن الآن فصاعداً فإن الطريق مفتوح لهم لكي يتبعوني» كان يسوع هو أول من دخل أمامنا، وقد دخل من خلال الحجاب:

«وَأَمَّا الْمَسِيحُ، وَهُوَ قَدْ جَاءَ رَئِيسَ كَهَنَةٍ لِلْخَيْرَاتِ الْعَتِيدَةِ، فَبِالْمَسْكَنِ الأَعْظَمِ وَالأَكْمَلِ، غَيْرِ الْمَصْنُوعِ بِيَدٍ، أَيِ الَّذِي لَيْسَ مِنْ هذِهِ الْخَلِيقَةِ» (عبرانيين ٩ : ١١).

هناك ترجمة أفضل: «للخيرات التي تحققت»، بمعنى آخر على عكس الناموس الذي لا يقدّم سوى رموز وظلال ومواعيد و نماذج نرى أن هذا حقيقي، أي أنه حدث بالفعل:

«وَأَمَّا الْمَسِيحُ، وَهُوَ قَدْ جَاءَ رَئِيسَ كَهَنَةٍ لِلْخَيْرَاتِ الْعَتِيدَةِ، فَبِالْمَسْكَنِ الأَعْظَمِ وَالأَكْمَلِ، غَيْرِ الْمَصْنُوعِ بِيَدٍ، أَيِ الَّذِي لَيْسَ مِنْ هذِهِ الْخَلِيقَةِ، وَلَيْسَ بِدَمِ تُيُوسٍ وَعُجُولٍ، بَلْ بِدَمِ نَفْسِهِ، دَخَلَ مَرَّةً وَاحِدَةً إِلَى الأَقْدَاسِ، فَوَجَدَ فِدَاءً أَبَدِيًّا» (عبرانيين ٩ : ١١ - ١٢).

فقد دخل يسوع بدمه إلى الأقداس:

«فَكَانَ يَلْزَمُ أَنَّ أَمْثِلَةَ الأَشْيَاءِ الَّتِي فِي السَّمَاوَاتِ تُطَهَّرُ بِهذِهِ، وَأَمَّا السَّمَاوِيَّاتُ عَيْنُهَا، فَبِذَبَائِحَ أَفْضَلَ مِنْ هذِهِ» (عبرانيين ٩ : ٢٣).

يجب أن تتطهر الأشياء السماوية، ولكن ليس بدم عجول وتيوس:

«لأَنَّ الْمَسِيحَ لَمْ يَدْخُلْ إِلَى أَقْدَاسٍ مَصْنُوعَةٍ بِيَدٍ أَشْبَاهِ الْحَقِيقِيَّةِ، بَلْ إِلَى السَّمَاءِ عَيْنِهَا، لِيَظْهَرَ الآنَ أَمَامَ وَجْهِ اللهِ لأَجْلِنَا» (عبرانيين ٩ : ٢٤).

فكيف دخل المسيح إلى الأقداس؟ بدمه هو، وقد أصبح هذا أكثر وضوحاً في الإصحاح ١٢ من الرسالة إلى العبرانيين:

«بَلْ قَدْ أَتَيْتُمْ إِلَى جَبَلِ صِهْيَوْنَ، وَإِلَى مَدِينَةِ اللهِ الْحَيِّ. أُورُشَلِيمَ السَّمَاوِيَّةِ، وَإِلَى رَبَوَاتٍ هُمْ مَحْفِلُ مَلاَئِكَةٍ» (عبرانيين ١٢ : ٢٢).

وهذه ليست أورشليم الأرضية، فلم نأتِ بالجسد ولكن بالروح القدس:

«بَلْ قَدْ أَتَيْتُمْ إِلَى جَبَلِ صِهْيَوْنَ، وَإِلَى مَدِينَةِ اللهِ الْحَيِّ. أُورُشَلِيمَ السَّمَاوِيَّةِ، وَإِلَى رَبَوَاتٍ هُمْ مَحْفِلُ مَلاَئِكَةٍ، وَكَنِيسَةُ أَبْكَارٍ مَكْتُوبِينَ فِي السَّمَاوَاتِ، وَإِلَى اللهِ دَيَّانِ الْجَمِيعِ، وَإِلَى أَرْوَاحِ أَبْرَارٍ مُكَمَّلِينَ» (عبرانيين ١٢ : ٢٢-٢٣).

هذا هو أنا وأنت، فمقرنا الرئيسي هو في السماء، فهل اسمك مُسّجل في السماء في سفر حياة الحَمَل أم أنك مُسجَل في سجلات

الكنيســة وحســب ؟ جيد أن تكون مسجلاً في سـجلات الكنيسة ولكنه لا يكفى :

«وَإِلَى وَسِيطِ الْعَهْدِ الْجَدِيدِ، يَسُوعَ، وَإِلَى دَمِ رَشٍّ يَتَكَلَّمُ أَفْضَلَ مِنْ هَابِيلَ» (عبرانيين ١٢ : ٢٤) .

لقـد رُشَّ دم هابيل على الأرض ، فإلى ماذا كان يدعو ؟ إلى الثأر ، وقد رُشَّ دم يســوع في السماويات ؟ فإلى ماذا يدعو إلى ؟ الرحمة ، فلــو كان بإمكانـك أن تؤمن أن دم يســوع يتحـدث دائماً لصالحك فـي محضر الله ، فهـذه حقيقة مذهلة ، ولو لم يكن الأمر كذلك فلن تدخـل الســماء . فـالله الديان سـيرفض دخولك إلى هنـاك ، فحتى يسوع لم يدخل دون دمه ، لأن هذا هو السبيل الوحيد للدخول ، أي من خلال دم يسوع الذي رُشَّ في السماء .

يتحدث دم يسوع دائماً لصالحك في محضر الله

الطريق الجديد والحي

إنّ البركـة الثالثة العظيمة للعهد الجديد هو الطريق الحي الجديد أي يســوع ، فقد صار يسـوع هو الطريق كما صار الحق وصار الحياة ، فهو الطريق طول الطريق ، فالطريق التى سـلكه يسـوع هو الطريق الذي نسلكه نحن ، وليس له بديل ، فهو طريق إنكار الذات والطاعة والتضحية والموت ، وهذا هو الطريق الحي الجديد

«لأَنَّكُمْ لِهذَا دُعِيتُمْ. فَإِنَّ الْمَسِيحَ أَيْضًا تَأَلَّمَ لأَجْلِنَا، تَارِكًا لَنَا مِثَالاً لِكَيْ تَتَّبِعُوا خُطُوَاتِهِ» (١ بطرس ٢ : ٢١).

إنّ خطوات يسوع هي الطريق الحي الجديد، فما هي أول خطوة تخطوها عندما تريد أن تتبع يسوع؟

«حِينَئِذٍ قَالَ يَسُوعُ لِتَلاَمِيذِهِ: «إِنْ أَرَادَ أَحَدٌ أَنْ يَأْتِيَ وَرَائِي فَلْيُنْكِرْ نَفْسَهُ وَيَحْمِلْ صَلِيبَهُ وَيَتْبَعْنِي» (متى ١٦ : ٢٤).

إنكار الذات، هذا لا يعني أن تتخلّى عن الطعام وتصوم! هذا جيد ولكنه ليس إنكار الذات، إنّ إنكار الذات معناه أن تقول «لا» لذاتك، فعندما تقول النفس: «أريد» فإن إنكار الذات هو القدرة على أن تقول: «لا»، وعندما تقول النفس: «أعتقد» يقول إنكار الذات: «لا»، فما تفكر فيه هو الأقل أهمية، ولو كان ما تفكر فيه ما زال مهما فأنت لم تنكر ذاتك، إنكار الذات هو أن تقول «لا» للماعز العجوز في داخلك.

هكذا أيضاً فإن إنكار الذات ليس هو التخلي عن الخطية الفاسدة، ربما هناك حاجة لهذا ولكن إنكار الذات هو إنكار النفس، أي «أنا» التي تؤكد على نفسها وتجعل نفسها هامة وتطالب بأن يتمركز العالم حولها، ما أريد وما أعتقد وما أشعر به، كل هذه أمور ليست ذات صلة على الإطلاق فيما يتعلق الله.

فأوّل خطوة في اتباع يسوع فعلياً هو أن تقول لا لكل هذا ،فكلّ من سيحمل صليبه عليه أن ينكر أولاً نفسه ، في (متى ٢٦) ، نجد ذروة إنكار الذات :

«**ثُمَّ تَقَدَّمَ قَلِيلاً وَخَرَّ عَلَى وَجْهِهِ، وَكَانَ يُصَلِّي قَائِلاً : «يَا أَبَتَاهُ، إِنْ أَمْكَنَ فَلْتَعْبُرْ عَنِّي هذِهِ الْكَأْسُ، وَلكِنْ لَيْسَ كَمَا أُرِيدُ أَنَا بَلْ كَمَا تُرِيدُ أَنْتَ» فَمَضَى أَيْضًا ثَانِيَةً وَصَلَّى قَائِلاً : «يَا أَبَتَاهُ، إِنْ لَمْ يُمْكِنْ أَنْ تَعْبُرَ عَنِّي هذِهِ الْكَأْسُ إِلاَّ أَنْ أَشْرَبَهَا، فَلْتَكُنْ مَشِيئَتُكَ»** (متى ٢٦ : ٣٩ ، ٤٢) .

تبدأ كل حركة جديدة مع الله بتكرار عبارة «ليس كما أريد أنا بل كما تريد أنت » ، فلم يرفض يسوع إرادته مرة أو مرتين فقط ، بل في كل مرة كان يُخيرّ بين إرادته وإرادة الآب كان يكرر هذا الرفض : «ليس كما أريد أنا بل كما تريد أنت » ، وهذا هو الطريق الحي الجديد .

إن أروع ما في الأمر هو عندما تضع في قلبك أن تتبع الله ، فستفرح ، وعلى الرغم من أن الأمر قد يبدو صعباً إلا أنه سيملؤك بالفرح ، ولكن إن لم تضع في قلبك أن تتبع الله فعند ذلك لن ترى إلا الأمور التى لا تبعث على الإحساس بالفرح :

«**أَنَّهُ لاَقَ بِذَاكَ الَّذِي مِنْ أَجْلِهِ الْكُلُّ وَبِهِ الْكُلُّ، وَهُوَ آتٍ بِأَبْنَاءٍ كَثِيرِينَ إِلَى الْمَجْدِ، أَنْ يُكَمِّلَ رَئِيسَ خَلاَصِهِمْ بِالآلاَمِ**» (عبرانيين ٢ : ١٠) .

لقد صار يسوع كاملاً من خلال المعاناة ، وهو قائدنا ، وقد أصبحنا كاملين بنفس الطريقة التي صار بها كاملاً ، أي من خلال

المعاناة التي تأتي من الطاعة، ومن أن نقول: «**لَيْسَ كَمَا أُرِيدُ أَنَا بَلْ كَمَا تُرِيدُ أَنْتَ**» (متى ٢٦ : ٣٩). لا من الألم الذي يأتي من عدم الطاعة، فمثل هذا الألم لا يطهرك ولا ينقيك ولا يجعلك كاملاً.

«**لأَنَّ الْمُقَدِّسَ وَالْمُقَدَّسِينَ جَمِيعَهُمْ مِنْ وَاحِدٍ**» (عبرانيين ٢ : ١١).

«المقدس» هو يسوع، «والمقدسين» هم أنا وأنت، والواحد الذي جميعهم منه يسوع أي وأنا وأنت هو الآب، لهذا فإن الآب يقدسنا بنفس الطريقة التى جعلت يسوع كاملاً، فطريق يسوع هو الذي يقودنا إلى التقديس والقداسة والكمال، فهذا هو الطريق.

«**الَّذِي، فِي أَيَّامِ جَسَدِهِ، إِذْ قَدَّمَ بِصُرَاخٍ شَدِيدٍ وَدُمُوعٍ طَلِبَاتٍ وَتَضَرُّعَاتٍ لِلْقَادِرِ أَنْ يُخَلِّصَهُ مِنَ الْمَوْتِ، وَسُمِعَ لَهُ مِنْ أَجْلِ تَقْوَاهُ**» (عبرانيين ٥ : ٧).

تقول الترجمة الإنجليزية الحديثة «بسبب اتضاعه وخضوعه سمع له»، فقد سمعت صلاته، هذه هي الروح التي ندخل بها لمحضر الله، يسوع هو النموذج الكامل، فقد سمع لأنه يخشى الله، وهذه هي الإجابة الأساسية عن السبب وراء عدم استجابة صلواتنا، ويمكنني أن أعطيك نصف دستة من الأسباب الأخرى ولكن الله أظهر لي أن هذا هو الأصل والأساس، فيمكنك أن تعلم الناس كل مبادئ استجابة صلواتهم ولكن إن كان اتجاههم خاطئاً فإن المبادئ لن تنجح، فالاتجاه يأتي أولاً، **لقد سمع الآب ليسوع بسبب خضوعه المتضع.**

«مَعَ كَوْنِهِ ابْنًا تَعَلَّمَ الطَّاعَةَ مِمَّا تَأَلَّمَ بِهِ» (عبرانيين ٥ : ٨).

لقد اكتشف معنى الطاعة من خلال الألم الناتج عن الطاعة:

«وَإِذْ كُمِّلَ صَارَ لِجَمِيعِ الَّذِينَ يُطِيعُونَهُ، سَبَبَ خَلاَصٍ أَبَدِيٍّ» (عبرانيين ٥ : ٩).

ونفس الطريق الذى سلكه يسوع هو الطريق أي الطريق الحي الجديد:

«لأَنَّهُ يُوجَدُ إِلهٌ وَاحِدٌ وَوَسِيطٌ وَاحِدٌ بَيْنَ اللهِ وَالنَّاسِ: الإِنْسَانُ يَسُوعُ الْمَسِيحُ» (١ تيموثاوس ٢ : ٥).

فعندما فرّغ نفسه، لم يضع شروطاً مسبّقة، ولكنه فرّغ نفسه وحسب، كان طائعاً حتي الموت، وكما تخبرنا الرسالة إلى (فيلبي ٢ : ٩) **«لِذلِكَ رَفَّعَهُ اللهُ أَيْضًا»**.

كيف نصبح كاملين؟ بالطاعة

فعندما أخلى نفسه كان عليه أن يسترد مكانته الرفيعة مرة أخرى، وتشير كلمة «لذلك» إلى أن رفعته كانت نتيجة لطاعته، فلو أنه لم يطع لما رجع إلى تلك المكانة أبداً، لهذا فهو النموذج الكامل للتقدم وللنضوج والكمال، فكان عليه أن يصير كاملاً كإنسان من خلال الطاعة، و بالتالي كيف سنصير نحن كاملين؟ من خلال الطاعة، لهذا اترك المجالات وأطع فقط.

لنا رئيس كهنة عظيم

ماذا لدينا حتى الآن ؟ لدينا القدس مفتوح أمامنا ، ولدينا حق شرعي وقانوني بالدخول وذلك من خلال الدم ، ولدينا طريق جديد وحيّ يمنحنا هذا الحق في الدخول ، والآن لدينا أيضاً رئيس كهنة عظيم ينتظرنا ، فمن هو ؟ يسوع ، فهو رئيس الكهنة من جانبين :

«**وَأَمَّا رَأْسُ الْكَلاَمِ فَهُوَ: أَنَّ لَنَا رَئِيسَ كَهَنَةٍ مِثْلَ هذَا، قَدْ جَلَسَ فِي يَمِينِ عَرْشِ الْعَظَمَةِ فِي السَّمَاوَاتِ خَادِمًا لِلأَقْدَاسِ**» (عبرانيين ٨ : ١ ٢) .

أولاً : هو خادم الأقداس ، هل تعلم أن رئيس الكهنة في إسرائيل كان عليه أن يعرف الكثير ؟ ، فقد كان لديه الكثير من القواعد التي يجب أن يراعها ، فكان يجب أن يعرف كيف يذبح الحيوان ، وماذا يفعل بالكبد ، والأرجل والقلب ، والرأس والجلد ، ويعرف في أي جانب من جوانب المذبح يرش الدم ، وطوال الطريق كانت هناك متطلبات هامة ومحددة عليه أن يتممها ، ويسوع هو خادم الاقداس الحقيقي ، فعندما دخل فعل كل شئ بالطريقة السليمة ، فقد أوفى كل متطلبات الله ككاهن طوال الطريق ، وبما أنه فعل كل شئ بالطريقة السليمة فقد حصلنا على حق الدخول :

«**وَلأَجْلِ هذَا هُوَ وَسِيطُ عَهْدٍ جَدِيدٍ**» (عبرانيين ٩ : ١٥) .

فهو يقّدم فوائد ذبيحته لأجلك ولأجلي بالروح القدس ، ويبلغنا

المطلوب فـي كلّ من مراحل الطريق، أي يعمل فينا عندما نسـتمر في هذا الطريق، وهو الشخص الذي يجعل العهد يعمل فيك وفيّ، وبعدما أنجز العمل الأساسـي بالكامل وذهب إلى الله، التفت حوله وفعـل كل مـا هو مطلـوب في كل مـن يطيعه لكي يجعـل دخولنا كاملاً، فهو وسيط العهد.

هكذا فلدينا أربع بركات للعهد الجديد، أولاً: الحجاب الذي انشق والطريـق الذي انفتـح، ثانياً: لدينا حق شـرعي قانونـي في الدخول إلـى الأقداس من خلال الدم، وهذا الحق لا يقبل الشـك، وثالثاً: لدينا الطريـق الحي لكي نسـير فيـه، وهو الطريق الذي سـلكه يسـوع أي سـبيل الطاعة وإنـكار الذات والتضحية وموت الإنسـان العتيق، وقد قال يسوع «**وَمَنْ أَضَاعَ حَيَاتَهُ مِنْ أَجْلِي يَجِدُهَا**» انظر (متى ١٠ : ٣٩)، والكلمة اليونانية المستخدمة «لحياة» هنا هي كلمة «نفس»، فعليك أن تضـع ذاتك الأنانية وتقول: «لا»، عندها سـتجد الطريق في داخلك، ورابعـاً: لدينـا رئيس كهنـة عظيـم يعرف تحديـداً ما يجـب أن يفعله ونفعله بالتمام.

الفصل الثامن

أربعة أمور أساسية مطلوبة من الساجدين الحقيقيين

بالرجوع مرة أخرى إلى الرسالة إلى العبرانيين نرى أربعة أمور أساسية مطلوبة من الساجدين الحقيقيين، أو بمعنى آخر ماذا يتوقع الله ممن يسجدون له لو أنهم سيستخدمون ما أتاحه لهم:

«لِنَتَقَدَّمْ بِقَلْبٍ صَادِقٍ فِي يَقِينِ الإِيمَانِ، مَرْشُوشَةً قُلُوبُنَا مِنْ ضَمِيرٍ شِرِّيرٍ، وَمُغْتَسِلَةً أَجْسَادُنَا بِمَاءٍ نَقِيٍّ» (عبرانيين ١٠ : ٢٢).

١. قلب صادق

ما معنى القلب الصادق؟ سأقدّم لك رأيي، فالقلب الصادق هو القلب المخلص والأمين والوفيّ والمكّرس تماماً بلا أية تحفظات.

لو أنني أحب زوجتي بقلب صادق، فأنا أحبها بالكامل، فلن أفكر في أي شيء يمكن أن يكون به عدم وفاء وإخلاص تجاهها تحت أي ظرف من الظروف، وأعتقد أن هناك كلمة يجب أن نعيدها مرة أخرى إلى قائمة الكلمات المستخدمة ألا وهي كلمة الوفاء

أو الإخلاص، فقد أصبح الوفاء أمراً ماضياً أو قديماً بين بعض الناس اليوم، الوفاء لعائلتك، الوفاء لبلدك.

ما الذي جعل الرسول يوحنا يقف عند الصليب بجانب مريم عندما هرب كل التلاميذ الآخرين؟ هل هذا لاهوت؟ لا ولا لحظة واحدة، ولكنه الوفاء، ما الذي جعل مريم المجدلية تتجه نحو القبر في ساعة مبكرة من الصباح؟ هل هي العقيدة وهل العرف السائد في ذلك الوقت؟ لا بل الوفاء والإخلاص، فهي ستكون وفية لهذا الإنسان حتى لو أصبح مجرد جثة مشوهه بقسوة، يبدو أنه لا يوجد الكثير من الوفاء بين بعض المؤمنين اليوم، فيجب أن نكون أوفياء ليسوع ولبعضنا البعض، وهذا هو القلب الصادق:

«هَا قَدْ سُرِرْتَ بِالْحَقِّ فِي الْبَاطِنِ، فَفِي السَّرِيرَةِ تُعَرِّفُنِي حِكْمَةً. طَهِّرْنِي بِالزُّوفَا فَأَطْهُرَ. اغْسِلْنِي فَأَبْيَضَّ أَكْثَرَ مِنَ الثَّلْجِ. أَسْمِعْنِي سُرُورًا وَفَرَحًا، فَتَبْتَهِجَ عِظَامٌ سَحَقْتَهَا. اسْتُرْ وَجْهَكَ عَنْ خَطَايَايَ، وَامْحُ كُلَّ آثَامِي. قَلْبًا نَقِيًّا اخْلُقْ فِيَّ يَا اَللهُ، وَرُوحًا مُسْتَقِيمًا جَدِّدْ فِي دَاخِلِي» (مزمور ٥١ : ٦ - ١٠).

إن كلمة «ها» كلمة مؤثرة للغاية، فقد كان داود رجلاً متديناً لفترة طويلة، ولكنه الآن اكتشف شيئاً ما: «قَدْ سُرِرْتَ بِالْحَقِّ فِي الْبَاطِنِ، فَفِي السَّرِيرَةِ تُعَرِّفُنِي حِكْمَةً»، أعتقد أن الحق والحكمة

يسيران جنباً إلى جنب، لن تعرف الحكمة المخبأة في الداخل إلا إن كان هناك في داخلك حق، فإعلان الحكمة في السريرة لا يتم من خلال الذهن، ولكن من قلب مخلص وصادق وأمين.

عندما تأخذ الخطية طريقها إلى قلبك فلا يمكنك أن ترممها أو تصلحها أو تعدلها، فالأمر يحتاج لعمل مبدع من الله لكي يعطيك قلباً نقياً، كان داود يتحدث إلى الله في (مزمور ١٣٩) عن أعداء الله وقال:

«أَلاَ أُبْغِضُ مُبْغِضِيكَ يَا رَبُّ، وَأَمْقُتُ مُقَاوِمِيكَ؟ بُغْضًا تَامًّا أَبْغَضْتُهُمْ. صَارُوا لِي أَعْدَاءً» (مزمور ١٣٩: ٢١ ـ ٢٢).

هل من الصائب أن يقول المؤمن هذا؟ ربما يقول البعض نعم، وقد يقول البعض الآخر لا، إلا أن داود مضى يتكلم بطريقة مختلفة:

«اخْتَبِرْنِي يَا اَللهُ وَاعْرِفْ قَلْبِي. امْتَحِنِّي وَاعْرِفْ أَفْكَارِي» (مزمور ١٣٩: ٢٣).

فقد كان داود يسأل الله: «هل هناك شئ ما في داخلي عدو لك يا الله؟ انظر إن كان هناك شئ في داخلي يتعارض معك»، هل يمكنك أن تدعو الله ليفعل هذا؟ لا تَخَفْ، فعندما يتعلق الأمر بالاعتراف، اطلب من الناس أن يتذكروا أننا لن نعترف بشئ لا يعرفه الله بالفعل، فلن يكون اعترافنا هذا مفاجأة بالنسبة له، ولكن الاعتراف هو لقائدنا نحن لا لمنفعة الله:

«وَانْظُرْ إِنْ كَانَ فِي طَرِيقٌ بَاطِلٌ، وَاهْدِنِي طَرِيقًا أَبَدِيًّا» (مزمور ١٣٩ : ٢٤).

سيحتاج الأمر إلى عمل إبداعي من الله لكي يعطيك قلباً نقياً

قبل أن يقودنا الله في هذا الطريق الأبدي، يجب أن نسمح له أن يفحص قلوبنا ويمتحنها وأن يستاصل أياً من أعداء الله الموجودين في داخل القلب، اسمح لله أن يظهر لك ما في قلبك ثم دعه يتعامل مع هذه الأشياء التي يظهرها لك، اكشفها أمامه.

يخبرنا سفر إشعياء:

«فَقَالَ السَّيِّدُ: «لأَنَّ هذَا الشَّعْبَ قَدِ اقْتَرَبَ إِلَيَّ بِفَمِهِ وَأَكْرَمَنِي بِشَفَتَيْهِ، وَأَمَّا قَلْبُهُ فَأَبْعَدَهُ عَنِّي، وَصَارَتْ مَخَافَتُهُمْ مِنِّي وَصِيَّةَ النَّاسِ مُعَلَّمَةً» (إشعياء ٢٩ : ١٣).

هـذا تديُّن دونَ قلب، فهو يكرم الله بشفتيه، ولكن قلبه مبتعد عـن الله، إن الخطيّة العظمى للمتدينين هي الخطية التي تعامل معها الله بكل شدة مع الفريسيين ألا وهي خطية الرياء، هل تعلم ما هو الرياء؟ تأتي هذه الكلمة من الكلمة اليونانية المستخدمة بمعنى ممثل، فالتدين هو ببساطة تمثيل، استخدمت الدراما القديمة أنواعاً مختلفة من الأقنعة، فعندما يقدم الممثل أجزاء مختلفة من الدراما تجده يضع

أقنعة مختلفة، فالتدين الفارغ يستخدم مجموعة من الأقنعة فهذا هو الأسلوب المتبع للتمثيل، أثناء وجودك في الكنيسة، ستجد كثيراً من المتدينين يستخدمون نبرة صوت مختلفة داخل الكنيسة، وعندما يصلون يستخدمون صوتاً مزيفاً واصطناعياً.

ويقول الله أنه أزال من المنافقين القدرة على رؤية الحق:

«**لِذلِكَ هأَنَذَا أَعُودُ أَصْنَعُ بِهذَا الشَّعْبِ عَجَبًا وَعَجِيبًا، فَتَبِيدُ حِكْمَةُ حُكَمَائِهِ، وَيَخْتَفِي فَهْمُ فُهَمَائِهِ**» (إشعياء ٢٩ : ١٤).

يريد الله من الساجدين والعابدين أن يكون لهم قلب صادق بلا رياء، ولا أعمال تديُّن، فهو يريد قلوباً مخلصة ووفية وصادقة، سمعت أنهم يقولون إننا نترجم الإيمان بالطاعة، وأقترح أن نترجم الإيمان بالوفاء أي الوفاء للمسيح بأي ثمن، أعتقد أنك ستجد الوفاء يصل بك إلى نفس الهدف.

٢ـ ملء الإيمان

هكذا رأينا أن المطلب الأول للعابد والساجد الحقيقي هو القلب الصادق، أما الشرط الثاني فهو ملء الإيمان، هل لديك ملء الإيمان؟ هل هو مجهود أو صراع؟ هل عليك أن تضغط على نفسك وتقول: «هل أنا مملوء بالإيمان؟» لا فالإيمان هو قرار، لهذا السبب فإنّ عدم الإيمان هو الخطية الأساسية، ما معنى أن يكون لك ملء الإيمان؟

دعونا نلقي نظرة على سفر المزامير:

« لأَجْلِ ذَلِكَ حَسِبْتُ كُلَّ وَصَايَاكَ فِي كُلِّ شَيْءٍ مُسْتَقِيمَةً. كُلَّ طَرِيقِ كَذِبٍ أَبْغَضْتُ» (مزمور ١١٩ : ١٢٠).

الله يريد قلباً مخلصاً ووفياً وصادقاً لكي يعبده

مهما كان ما يقوله الله فهو صحيح، فأي شيء لا يتفق مع ما يقوله الله هو طريق كذب، هذا أمر ليس له علاقة بالمشاعر أو العواطف ولكنه قرار، فأنا أصمم أن أتفق مع ما يقوله الله، فعندما خلصت واعتمدت بالروح القدس أثناء خدمتي في الجيش، لم أكن أعرف أي شئ عن تعليم العهد الجديد، ولذلك تمسكت بحقيقة واحدة ألا وهي أنّ الكتاب المقدس هو الكتاب الذي يحوي كل الإجابات، فهو الكتاب الذي يخبرني بما حدث معي.

إن الجدال الفكري هو في الأساس عدم الرغبة في اتخاذ قرار، فلو أنك تنتظر حتى تفهم الكتاب المقدس كله قبل أن تؤمن به، فستنتظر وقتاً طويلاً، فلو أنك انتظرت لكي تفهم كل شيء عن يسوع المسيح قبل أن تقبله، فستنتظر لفترة طويلة، فالإيمان قرار فيما يتعلق بالمسيح والكتاب المقدس، وقد اتخذت هذا القرار شكراً لله، وارتاح ذهني، فلدي سلام داخلي كامل:

«هَادِمِينَ ظُنُونًا وَكُلَّ عُلْوٍ يَرْتَفِعُ ضِدَّ مَعْرِفَةِ اللهِ، وَمُسْتَأْسِرِينَ كُلَّ فِكْرٍ إِلَى طَاعَةِ الْمَسِيحِ» (٢ كورنثوس ١٠ : ٥) .

يمكن أن تفعل ما تطلبه منا هذه الآية ، فالذهن الذى فى داخلك مدّرب على مجادلة الله ، فبالطبيعة هذا الذهن ضد الله ، **«لأَنَّ اهْتِمَامَ الْجَسَدِ هُوَ عَدَاوَةٌ للهِ»** (رومية ٨ : ٧) ، إنها مسئوليتك أن تُخْضع هذا العدو وترفض أن تعطيه الحرية ليتكلم :

«وَلكِنْ لِيَطْلُبْ بِإِيمَانٍ غَيْرَ مُرْتَابٍ الْبَتَّةَ، لأَنَّ الْمُرْتَابَ يُشْبِهُ مَوْجًا مِنَ الْبَحْرِ تَخْبِطُهُ الرِّيحُ وَتَدْفَعُهُ. فَلاَ يَظُنَّ ذلِكَ الإِنْسَانُ أَنَّهُ يَنَالُ شَيْئًا مِنْ عِنْدِ الرَّبِّ. رَجُلٌ ذُو رَأْيَيْنِ هُوَ مُتَقَلْقِلٌ فِي جَمِيعِ طُرُقِهِ» (يعقوب ١ : ٦ - ٨) .

لا يصل الشخص ذو الرأيين والمتقلقل وغير الممكّن إلى أي شئ مع الله ، فلتتخذ قرارك أنّه من الآن فصاعداً أن كل ما يقوله الله هو صحيح . فهذا هو ملء الإيمان .

ولكن يجب أن أعطيك تحذيراً إضافياً أعطاه لي الرب وهو :

«وَلأَجْلِ هذَا سَيُرْسِلُ إِلَيْهِمُ اللهُ عَمَلَ الضَّلاَلِ، حَتَّى يُصَدِّقُوا الْكَذِبَ، لِكَيْ يُدَانَ جَمِيعُ الَّذِينَ لَمْ يُصَدِّقُوا الْحَقَّ» (٢ تسالونيكي ٢ : ١١ - ١٢)

يجب أن تجعلك هذه الفقرة من الكتاب المقدس لا تستطيع أن تلتقط أنفاسك إن كنت لا تعرفه جيداً ، فالأمر بسيط للغاية ، فلو أنك

لا تؤمـن بالحق، فأنت تؤمن بالكذب، وقـد كان هذا هو اختيار حواء، بينما أخبرها الله بالحق وأخبرها الشيطان بكذبة، وكان لديها اختياران فاختارت الكـذب، أى عدم الإيمان، فمـا هو عدم الإيمان؟ إنه الإيمان بالكذب، وهو لا يعني عدم الإيمان بأي شـيء فكل شخص يؤمن بشيء ما، والقرار هو دائماً نفس القرار، هل سأصدق الله أم سأصدق الشيطان؟ يقول الله أنه لو لم تؤمن بالحق فهذا معناه أنه يرى أنك تؤمن بالكذب.

لا تنخدع بهذا، لا تؤمن بما يناسبك وحسـب وتتـرك الباقي، فالطاعـة غير الكاملة هي عـدم طاعة، والإيمان غير الكامل هو عدم إيمـان، يمكنك أن تقبل الحـق أو يمكنك أن تكون في خداع، فإلى أن ينتهي هذا الدهر فليس أمام شعب الله سوى هذين الاختيارين.

> ## القرار دائماً هو هل سأصدق الله
> ## أم سأصدق الشيطان؟

٣. قلوب مرشوشة من ضمير شرير

أن الأمـر الثالث المطلوب من العابد والسـاجد الحقيقي هـو قلب مرشوش من ضمير شرير:

«فَبِالأَوْلَى كَثِيرًا وَنَحْنُ مُتَبَرِّرُونَ الآنَ بِدَمِهِ نَخْلُصُ بِهِ مِنَ الْغَضَبِ» (رومية ٥ : ٩).

تخبرنا رومية بأننا متبررون بدم يسوع، لو أنك تعرف تعليمي فستكون على دراية بتعريفي لكلمة مبرر، ومعناها من وجهة نظري كما لو أنني لم أخطيء قط، فهكذا يجعلنا دم يسوع، إذ لا يوجد بعد ضمير مذنب بسبب الخطية:

«إِذًا لاَ شَيْءَ مِنَ الدَّيْنُونَةِ الآنَ عَلَى الَّذِينَ هُمْ فِي الْمَسِيحِ يَسُوعَ، السَّالِكِينَ لَيْسَ حَسَبَ الْجَسَدِ بَلْ حَسَبَ الرُّوحِ» (رومية ٨ : ١).

«إِنِ اعْتَرَفْنَا بِخَطَايَانَا فَهُوَ أَمِينٌ وَعَادِلٌ، حَتَّى يَغْفِرَ لَنَا خَطَايَانَا وَيُطَهِّرَنَا مِنْ كُلِّ إِثْمٍ» (١يوحنا ١ : ٩).

«أَيُّهَا الأَحِبَّاءُ، إِنْ لَمْ تَلُمْنَا قُلُوبُنَا، فَلَنَا ثِقَةٌ مِنْ نَحْوِ اللهِ» (١يوحنا ٣ : ٢١).

من ناحية أخرى لو أنني مدان بأي شيء في قلبي، فليس لي الحق في الدخول إلى محضر الله:

«إِنْ رَاعَيْتُ إِثْمًا فِي قَلْبِي لاَ يَسْتَمِعُ لِيَ الرَّبُّ» (مزمور ٦٦ : ١٨).

عليك أن تقف وقفة إيمان: «لقد غفرت كل خطاياي، إذ اعترفت بها جميعاً فقد غفرها الله جميعها، فدم يسوع يطهرني من كل عدم بر، أنا مبرر كما لو أننى لم أخطيء قط»، هل تؤمن بهذا؟ أنا أؤمن، أنا حقاً أؤمن به، ولا أسمح لذهني أن يتطرق إلى أيّة شكوك

فيمـا يتعلّق بالله، فأنا أؤمن أن الله أمين وعادل، وأؤمن بأنه غفر كل خطايـاي وطهرني من كل عدم بر، وليس علي أن أتذلل في محضر الله، وليـس علي أن أئن في محضر الله، فيمكنني أن أسـير منتصباً «**أَنَا الرَّبُّ إِلهُكُمُ الَّذِي أَخْرَجَكُمْ مِنْ أَرْضِ مِصْرَ مِنْ كَوْنِكُمْ لَهُمْ عَبِيدًا، وَقَطَّعَ قُيُودَ نِيرِكُمْ وَسَيَّرَكُمْ قِيَامًا**» (لاويين ٢٦ : ١٣). ، وتمضي رسالة العبرانيين إلى ما هو أبعد من ذلك:

«**وَلَنْ أَذْكُرَ خَطَايَاهُمْ وَتَعَدِّيَاتِهِمْ فِي مَا بَعْدُ**» (عبرانيين ١٠ : ١٧).

الله ليـس لديه مشـكلة في ذاكرتـه، بل هو «الناسـي الأعظم»، وهناك فرق كبير، فالله يتذكر كل ما لم يقرر أن ينسـاه، أما إذا قرر أن ينسى فهو لن يتذكره فيما بعد.

٤. أجساد مغسولة بماء نقي

هل تعرف أن حالة جسدك تؤثر على دخولك إلى محضر الله؟

«**لِنَتَقَدَّمْ بِقَلْبٍ صَادِقٍ فِي يَقِينِ الإِيمَانِ، مَرْشُوشَةً قُلُوبُنَا مِنْ ضَمِيرٍ شِرِّيرٍ، وَمُغْتَسِلَةً أَجْسَادُنَا بِمَاءٍ نَقِيٍّ**» (عبرانيين ١٠ : ٢٢).

ما معنى أن يغتسـل جسـدك بماء نقـي؟ ما هو المـاء النقي؟ الماء النقي هو كلمة الله، كيف تنقينا كلمة الله؟

«**طَهِّرُوا نُفُوسَكُمْ فِي طَاعَةِ الْحَقِّ بِالرُّوحِ**» (١بطرس ١ : ٢٢).

تطهرنا كلمة الله بالروح، والكلمة التي يقدمها لك الروح القدس وتطيعها تطهرك:

«وَكُلُّ مَنْ عِنْدَهُ هذَا الرَّجَاءُ بِهِ «بيسوع المسيح»، يُطَهِّرُ نَفْسَهُ كَمَا هُوَ طَاهِرٌ» (١يوحنا ٣ : ٣).

أطع الكلمة التي يقدمها لك الروح القدس، وستطهر نفسك، وإلى أي حَّد من الطهارة يجب أن نكون؟ طاهرين كما هو طاهر، فهناك معيار واحد لدى الله للطهارة ألا وهو يسوع.

«لأَنَّ هذِهِ هِيَ إِرَادَةُ اللهِ: قَدَاسَتُكُمْ. أَنْ تَمْتَنِعُوا عَنِ الزِّنَا، أَنْ يَعْرِفَ كُلُّ وَاحِدٍ مِنْكُمْ أَنْ يَقْتَنِيَ إِنَاءَهُ بِقَدَاسَةٍ وَكَرَامَةٍ» (١تسالونيكي ٤ : ٣ - ٤).

جسدك إناء، والكتاب المقدس يقول إن إرادة الله أنك يجب أن تعرف كيف تحفظ هذا الوعاء بقداسة وكرامة:

«وَإِلهُ السَّلاَمِ نَفْسُهُ يُقَدِّسُكُمْ بِالتَّمَامِ. وَلْتُحْفَظْ رُوحُكُمْ وَنَفْسُكُمْ وَجَسَدُكُمْ كَامِلَةً بِلاَ لَوْمٍ عِنْدَ مَجِيءِ رَبِّنَا يَسُوعَ الْمَسِيحِ» (١تسالونيكي ٥ : ٢٣).

يخبرنا الكتاب المقدس أن جسدك يجب أن يحفظ بلا لوم إلى يوم مجئ الرب، هذه هي القداسة الكاملة، فلو أنك لم تحفظ جسدك بلا لوم، فهذا لا يعني سوى عدم قداسة، فإرادة الله أنه يجب أن تعرف كيف تقتني هذا الإناء بقداسة وكرامة.

في (١ كورنثوس ٦) ، الموضوع الأساسي هو أهمية الجسد ، يكبر معظم المؤمنين مقتنعين أنّ الجسد ليس على هذا القدر من الأهمية ، ولكنّ الكتاب المقدس لا يخبرنا بهذا ، رجاء لاحظ أنه أمر غير كتابي أن تقلل من شأن جسدك :

«**كُلُّ الأَشْيَاءِ تَحِلُّ لي، لَكِنْ لَيْسَ كُلُّ الأَشْيَاءِ تُوافِقُ. كُلُّ الأَشْيَاءِ تَحِلُّ لِي، لَكِنْ لاَ يَتَسَلَّطُ عَلَيَّ شَيْءٌ**» (١ كورنثوس ٦ : ١٢) فيحل لي أن آكل ثلاثة من أكبر أنواع الآيس كريم ، إلا أنها لن تفيدني . فيجب ألا يفرض عليّ الآيس كريم ، والسجائر ، والقهوة . وكما قال ليستر سمرال يوماً : «عندما يأتى اليوم الذى أشعر أننى لا أستطيع أن أبدأه دون إحتساء القهوة فى الصباح فلن أحتسيها فيه» ولعل هذا قرار يحسن إتخاذه . فعندما تصبح معتمداً على أى شئ تكون مستعبداً له :

«**الأَطْعِمَةُ لِلْجَوْفِ وَالْجَوْفُ لِلأَطْعِمَةِ، وَاللهُ سَيُبِيدُ هذَا وَتِلْكَ**» (١ كورنثوس ٦ : ١٣)

الطعام للمعدة والمعدة للطعام ، ولكنْ أي منهما ليس دائماً ، فعليك أن تستمتع بهما طالما أنهما موجودين ، ولن يطول هذا كثيراً :

«**وَلكِنَّ الْجَسَدَ لَيْسَ لِلزِّنَا بَلْ لِلرَّبِّ، وَالرَّبُّ لِلْجَسَدِ**» (١ كورنثوس ٦ : ١٣) .

سيقول معظم المؤمنين «آمين» على الجزء الأول من الآية ولكن ما معنى أن جسدك هو للرب والرب للجسد؟

«وَاللَّهُ قَدْ أَقَامَ الرَّبَّ، وَسَيُقِيمُنَا نَحْنُ أَيْضًا بِقُوَّتِهِ. «أَلَسْتُمْ تَعْلَمُونَ أَنَّ أَجْسَادَكُمْ هِيَ أَعْضَاءُ الْمَسِيحِ؟» (١ كورنثوس ٦ : ١٤ - ١٥).

إنّ أعضاء المسيح على الأرض هي أعضاؤنا الجسدية، فهي كل ما يملكه لكي يعمل بها:

«أَفَآخُذُ أَعْضَاءَ الْمَسِيحِ وَأَجْعَلُهَا أَعْضَاءَ زَانِيَةٍ؟ حَاشَا! أَمْ لَسْتُمْ تَعْلَمُونَ أَنَّ مَنِ الْتَصَقَ بِزَانِيَةٍ هُوَ جَسَدٌ وَاحِدٌ؟ لأَنَّهُ يَقُولُ: «يَكُونُ الاثْنَانِ جَسَدًا وَاحِدًا». وَأَمَّا مَنِ الْتَصَقَ بِالرَّبِّ فَهُوَ رُوحٌ وَاحِدٌ» (١ كورنثوس ٦ : ١٥ - ١٧).

تكلّمنا سابقاً عن اتحاد روح الإنسان بروح الله في العبادة، مرة أخرى نرى التوازي المباشر ما بين العلاقة بعاهرة والعلاقة الروحية بالرب، فمن يدخل في علاقة حب مع الرب هو واحد معه في الروح:

«اُهْرُبُوا مِنَ الزِّنَا. كُلُّ خَطِيَّةٍ يَفْعَلُهَا الإِنْسَانُ هِيَ خَارِجَةٌ عَنِ الْجَسَدِ، لكِنَّ الَّذِي يَزْنِي يُخْطِئُ إِلَى جَسَدِهِ. أَمْ لَسْتُمْ تَعْلَمُونَ أَنَّ جَسَدَكُمْ هُوَ هَيْكَلٌ لِلرُّوحِ الْقُدُسِ الَّذِي فِيكُمُ، الَّذِي لَكُمْ مِنَ اللهِ، وَأَنَّكُمْ لَسْتُمْ لأَنْفُسِكُمْ؟ لأَنَّكُمْ قَدِ اشْتُرِيتُمْ بِثَمَنٍ. فَمَجِّدُوا اللهَ فِي أَجْسَادِكُمْ وَفِي أَرْوَاحِكُمُ الَّتِي هِيَ للهِ» (١ كورنثوس ٦ : ١٨ - ٢٠).

تفسد الخطايا الجنسية الجسد، أنت لست لنفسك، وهذا يشمل جسدك أيضاً، فأنت مِلْك لله، والهدف الأساسي من جسدك هو أن يعمل كهيكل للروح القدس، «**لكِنَّ الْعَلِيَّ لاَ يَسْكُنُ فِي هَيَاكِلِ مَصْنُوعَاتِ الأَيَادِي**» (أعمال ٧ : ٤٨). يمكنك أن تبني له أجمل كنيسة أو كاتدرائية، وربما يأتي هناك عندما يجتمع شعبه ولكن مكان سكناه هو الجسد الملموس للمؤمن المفدي:

«**فَاذْهَبُوا وَتَلْمِذُوا جَمِيعَ الأُمَمِ وَعَمِّدُوهُمْ بِاسْمِ الآبِ وَالابْنِ وَالرُّوحِ الْقُدُسِ**» (متى ٢٨ : ١٩).

بعدما تسلّم حياتك للمسيح فإنك تعتمد، فتُغمَر وتتطهر وتتنقى بالماء، وكان يجب أن يُغسل كل شئ يقدم لله على المذبح بالماء، وليس هذا لكي يجعلك نظيفاً وطاهراً جسمانياً بل لكي يجعلك حقاً مقدساً بالمعنى الحقيقي لما يعنيه أن تكون مُفْرزاً لله، قال بطرس: «**تُوبُوا وَلْيَعْتَمِدْ كُلُّ وَاحِدٍ مِنْكُمْ**» (أعمال ٢ : ٣٨). كم عدد من يجب أن يفعلوا هذا؟ كل واحد منكم، وبمجرد أن تفعل هذا يجب أن تقدم جسدك «كذبيحة حية»، كتب بولس:

«**فَأَطْلُبُ إِلَيْكُمْ أَيُّهَا الإِخْوَةُ بِرَأْفَةِ اللهِ أَنْ تُقَدِّمُوا أَجْسَادَكُمْ ذَبِيحَةً حَيَّةً مُقَدَّسَةً مَرْضِيَّةً عِنْدَ اللهِ، عِبَادَتَكُمُ الْعَقْلِيَّةَ**» (رومية ١٢ : ١).

إنّ جسـدك يتطهر عندما يوضع علـى مذبح الله، وهى الطريقة التـى يمكنك بها أن تحفظ جسـدك في القداسـة والكرامة، احفظه علـى المذبـح قال يسـوع للفريسـيين: «أيهـا الحمقـى، لا تقدس الذبيحة المذبح ، ولكـن المذبح هـو الذي يقدس ما تضعونه عليه، انظـر (متى ٢٣ : ١٨ - ١٩)، لو أنك وضعت جسـدك على مذبح الله، طالما أنك متصل بالمذبح، فجسـدك مقدس، ولكن لو كسرت هذا الاتصال فإنك ستفقد تقديسك فجسدك ليس لك بل لله:

«**إِذًا لاَ تَمْلِكَنَّ الْخَطِيَّةُ فِي جَسَدِكُمُ الْمَائِتِ لِكَيْ تُطِيعُوهَا فِي شَهَوَاتِهِ، ١٣وَلاَ تُقَدِّمُوا أَعْضَاءَكُمْ آلاَتِ إِثْمٍ لِلْخَطِيَّةِ، بَلْ قَدِّمُوا ذَوَاتِكُمْ للهِ كَأَحْيَاءٍ مِنَ الأَمْوَاتِ وَأَعْضَاءَكُمْ آلاَتِ بِرّ لِلّهِ**» (رومية ٦ : ١٢ - ١٣).

ولكـي نلخص كل مـا قلناه لديك قلب مرشـوش مـن الضمير الشـرير، وتعرف أن خطاياك مغفـورة، وأنت تعلم أن قلبك طاهر، ثم يُغسل جسدك بماء نقي، أي بماء كلمة الله ، فتنقي نفسك بطاعة الحـق الذي يقدمه لك الروح القدس، فأول عمل للتنقية بعد الإيمان هو أن تُغمر وتجوز في المياه، وتتكرس لله بعد ذلك تضع جسدك على مذبح خدمة الله فتضع كل عضو لله كأداة، فيصبح جسـدك عندها إناء له. فهو الأداة الوحيدة التي يملكها يسـوع المسيح على الأرض، لكي تفعل إرادته في هذا الوقت، فأعضاؤنا هي أعضاء للمسيح.

الفصل التاسع

اتجاهنا الجسدي للعبادة

لا يوجد مثل هذا الشـيء الذي يطلق عليه عبادة بـلا حركة، ولا يوجد عبادة لا تتجاوب معها أجسادنا، فالعبادة نشيطة بشدة، كان لـي امتيــاز أن أكون قادراً على قــراءة الكتاب المقـدس العهد القديم باللغــة العبرية والعهد الجديــد باللغة اليونانيــة، ومنذ وقت مضى قـررت أن أنظر إلى معنى كل الكلمات التي وصفت العبادة في كلا اللغتــين، وعندما فعلت هذا اكتشـفت ما أدهشـني وغير مفهومي تماماً عن العبادة، اكتشـفت أن كل كلمــة تصف العبادة هي تصف أيضاً وضـع أو حركة معينة للجسـم، ودون أي استثناء، وسأعطيك بعض الأمثلة بدءاً من الرأس فأسفل.

الــــرأس :

في (تكويــن ٢٤) أرسـل إبراهيم خادمـه إلـى «أرام النهرين» «Mesopotamia» لكي يبحث عن عروس لابنه اسـحق، لم يعرف الخـادم إلـى أين يتجه أو من سـيقابل، وبدون أن يـدرك ذلك الخادم

قاده الرب إلى عائلة أخي إبراهيم وهو الأمر الذي كان يمثل الطريقة التقليدية في الزواج في تلك الأوقات، وهكذا عندما أدرك الخادم أن المرأة التي قابلها هي رفقة ابنة أخي إبراهيم، يقول الكتاب المقدس: «فَخَرَّ الرَّجُلُ (أحنى رأسه) وَسَجَدَ لِلرَّبِّ».

ثم في خروج نرى موسى وهارون يرجعان من الصحراء لكي يأتيا بكلمة لأمة إسرائيل التي في العبودية بأن الله قد رأى قرّر أن يحررهم من المصريين، وبعدما أبلغا رسالتهما للشيوخ نقرأ: «**فَآمَنَ الشَّعْبُ. وَلَمَّا سَمِعُوا أَنَّ الرَّبَّ افْتَقَدَ بَنِي إِسْرَائِيلَ وَأَنَّهُ نَظَرَ مَذَلَّتَهُمْ، خَرُّوا (أحنوا) رؤوسهم وَسَجَدُوا**» (خروج ٤ : ٣١).

في بعض المواقف ربما تكون الحركات الجسدية صعبة ولكنك بالكاد تجد موقف لا يمكنك أن تحني فيه رأسك، على سبيل المثال عندما أتناول أنا و «روث» الطعام في أحد المطاعم فإننا عادة ما نصلّي صلاة شكر مُطّولة، وعندما نفعل هذا يكون من المستحيل أن نركع أو نسجد بوجهنا على الأرض، ولكن انحناء الرأس يمكن أن نفعله في أي مكان، لهذا أشجعك في المرة التالية التي تشكر فيها الله قبلما تتناول طعامك على ألا تبقى رأسك فى وضعها المعتاد بل أن تحني رأسك ، فالأمر يصنع اختلافاً كاملاً في علاقتك بالله، هذا عمل بسيط ولكنه هام للغاية وله مغزاه.

الأيـــــدي :

كان داود أحـد أعظـم العابدين في العالم، وقـد أعطانا وضعين مختلفـين للأيدي ممثلة العبادة، فيبدأ (مزمور ٦٣) بتلك الكلمات الجميلة:

«**يَا اَللهُ، إِلهِي أَنْتَ. إِلَيْكَ أُبَكِّرُ. عَطِشَتْ إِلَيْكَ نَفْسِي، يَشْتَاقُ إِلَيْكَ جَسَدِي فِي أَرْضٍ نَاشِفَةٍ وَيَابِسَةٍ بِلاَ مَاءٍ**» (مزمور ٦٣ : ١).

كان داود في برية يهوذا عندما رفع تلك الصلاة للرب، ثم مضى يقول:

«**لأَنَّ رَحْمَتَكَ أَفْضَلُ مِنَ الْحَيَاةِ. شَفَتَايَ تُسَبِّحَانِكَ. ٤هكَذَا أُبَارِكُكَ فِي حَيَاتِي. بِاسْمِكَ أَرْفَعُ يَدَيَّ لاسمك**» (مزمور ٦٣ : ٣ - ٤).

إنّ رفع الأيدي باسـم الـرب هو أحد أفعال العبـادة التى يصفها الكتاب المقدس كثيراً.

ففي (مزمور ١٤١) وصف داود نفس حركة الأيدى هذه قائلاً: «**لِتَسْتَقِمْ صَلاَتِي كَالْبَخُورِ قُدَّامَكَ. لِيَكُنْ رَفْعُ يَدَيَّ كَذَبِيحَةٍ مَسَائِيَّةٍ**» (مزمور ١٤١ : ٢)، ويخبرنا البخور على الفور أن هذا الحديث يدور حـول العبادة، فقد كانت تُقدم في الهيـكل تقدمة في الصباح وتقدمة في المساء، ويطلب داود من الله أن يقبل رفع يديه مثل الذبيحة المسائية التى تقدم عند نهاية اليوم.

ثم في (مزمور ١٤٣) وصف داود حركة أخرى للأيدي: «**بَسَطْتُ إِلَيْكَ يَدَيَّ، نَفْسِي نَحْوَكَ كَأَرْضٍ يَابِسَةٍ**» (مزمور ١٤٣: ٦)، لاحظ لغةَ التشّوق إلى الله مرة أخرى.

أعتقد أن هناك فرقاً في دلالة كلٍّ من هذين، فعندما ترفع يدك تعترف بعظمة الله وسيادته، وعندما تبسط يدك فأنت بهذا تعلن أنك مفتوح لكي تستقبل.

في إحدى المرات، عندما كنت «روث» في اجتماع بهولندا بسطَتْ «روث» يديها في وقت كنا نختبر فيه عبادة رائعة فعلياً، وعندها قالت لي: «يداي ثقيلتان، ولا يمكنني أن أحتفظ بهما مرفوعتين» والكلمة العبرية المستخدمة للمجد هي نفس الكلمة بمعنى ثقل وهي «**kabod**»، وأخبرتها قائلاً: «الله يضع مجده في يديك».

عندما ترفع يدك، فأنت تعترف بعظمة الله وسلطانه

أخبرتك بهذه القصة لأني أريدك أن ترى كيف أن الله يتعامل حقاً مع أجسادنا، فنحن لسنا أرواحاً تسبح في الهواء بلا أجساد، ولكننا بشر نعيش في أجساد ملموسة وحقيقية، والله يريد أن يتحكّم تماماً في أجسادنا أثناء العبادة.

وهناك نشـاط آخـر للأيدي أحبه جداً : «**يَـا جَمِيعَ الأُمَمِ صَـفِّقُوا بِالأَيَـادِي. اهْتِفُوا لِلّهِ بِصَـوْتِ الابْتِهَـاجِ**» (مزمور ٤٧ : ١) ، فعندما نصفّـق بأيادينا فإننا نعبد الله ، فالعبادة ليسـت وضعاً جامداً تجلس فيه ، ولكنها نشاط يشارك فيه الجسد كله .

الـــرُّكبْ

هناك شخص آخر بسط يديه للرب وهو الملك سليمان ، عندما كرس الهيكل الذي بناه ، ولكن سليمان مضى إلى ما هو أبعد من ذلك ، فلم يبسـط يديه وحسب ولكنه أيضاً انطلق نحو الاتجاه التالي للعبادة :

«**وَوَقَفَ أَمَامَ مَذْبَحِ الرَّبِّ تُجَاهَ كُلِّ جَمَاعَةِ إِسْرَائِيلَ وَبَسَطَ يَدَيْهِ. لأَنَّ سُلَيْمَانَ صَنَعَ مِنْبَرًا مِنْ نُحَاسٍ وَجَعَلَهُ فِي وَسَطِ الدَّارِ، طُولُهُ خَمْسُ أَذْرُعٍ وَعَرْضُهُ خَمْسُ أَذْرُعٍ وَارْتِفَاعُهُ ثَلاَثُ أَذْرُعٍ، وَوَقَفَ عَلَيْهِ، ثُمَّ جَثَا عَلَى رُكْبَتَيْهِ تُجَاهَ كُلِّ جَمَاعَةِ إِسْـرَائِيلَ وَبَسَـطَ يَدَيْهِ نَحْوَ السَّـمَاءِ**» (٢ أخبار الأيام ٦ : ١٢ - ١٣) .

في سـفر دانيال هناك قصة عندما أصدر الملك داريوس قراراً بأن أي شخص يصلي لغيره سيلقى به في جب الأسود ، وكانت استجابة دانيال لقرار الملك المكتوب هكذا :

«**فَلَمَّا عَلِمَ دَانِيآلُ بِإِمْضَاءِ الْكِتَابَةِ ذَهَبَ إِلَى بَيْتِهِ، وَكُوَاهُ مَفْتُوحَةٌ فِي عُلِّيَّتِهِ نَحْوَ أُورُشَلِيمَ، فَجَثَا عَلَى رُكْبَتَيْهِ ثَلاَثَ مَرَّاتٍ فِي الْيَوْمِ، وَصَلَّى**

وَحَمَدَ قُدَّامَ إِلهِهِ كَمَا كَانَ يَفْعَلُ قَبْلَ ذلِكَ» (دانيال ٦ : ١٠) .

كان دانيـال يمـارس العبـادة بانتظام ويركع نحو أورشليم (هو الأسلوب الذي كان كل اليهـود يصلون به ، ووجوههم نحو أورشليم بغـض النظر عن المـكان الذي هم فيـه) لهذا فإنّ كلاً من سـليمان وداود ركع في الصلاة .

ثم نجد بولس يقول في الرسالة إلى أفسس :

«بِسَبَبِ هذَا أَحْنِي رُكْبَتَيَّ لَدَى أَبِي رَبِّنَا يَسُوعَ الْمَسِيحِ» (أفسس ٣ : ١٤) .

عندما كان بولس يصلي ويعبد كان أحد الأمور التي يفعلها بانتظام هـو أن يحنـي ركبتيه . أن تحنـي ركبتيك هـو عمل يعبر عن الخضوع التـام الذى هو أمر هـام جـداً، أجد كثيراً مـن المؤمنين غير خاضعين خضوعـاً تامـاً لله ، فهم يخضعون عندما يفعل الله ما يريدونه ، وأما عندمـا يفعل الله أمـوراً مختلفة عن تلك التـي يريدونها ، فيتذمرون ويجادلون ويشعرون بالضيق .

> أن تحني ركبتيك هو عمل يعبر عن
> الخضوع التام الذي هو أمر هام جداً

من الكلمات الأسـاسية التي يجب أن نتعلمهـا اليوم هي كلمة السـيادة ونحن لا نسـمع تلك الكلمة كثيراً اليوم ، ولكنها إحدى

الحقائق عن الله، فهو المتسلط الوحيد الذى يسود على كل شيء، ويمكنني أن أعرف هذه الكلمة بهذه الطريقة، الله يفعل ما يريده، عندما يريده، وبالطريقة التي يريدها ولا يستأذن أي شخص قبل أن يفعل هذا، وكلما أدركت هذه الحقيقة وأحنيت ركبتيك، كان من الأسهل أن تحيا حياة منتصرة، فالله يفعل أموراً في حياتنا لا نعتقد أنه سيفعلها، ربما يتمسك كثيرون مِنّا بنوع من الشكوى ضد الله، ولكنّي أحذّر من التذمر على الله.

أن تحني ركبتيك هو أحد أفعال العبادة، وفي مرحلة ما في المستقبل سيفعل الجميع نفس الأمر، فربما يمكنك أن تسبق الجميع وتفعل هذا الآن:

«بِذَاتِي أَقْسَمْتُ، خَرَجَ مِنْ فَمِي الصِّدْقُ كَلِمَةٌ لاَ تَرْجِعُ: إِنَّهُ لِي تَجْثُو كُلُّ رُكْبَةٍ، يَحْلِفُ كُلُّ لِسَانٍ» (إشعياء ٤٥ : ٢٣).

في مرحلة محددة سُيصِّر الله على أنْ يعترف كلٌّ مخلوق حي له ركبتان بسلطان الله الكامل، «كل ركبة ستنحني» وفي رسالة فيلبي أشار بولس إلى الذي ستنحني له الخليقة:

«لِذلِكَ رَفَّعَهُ اللهُ أَيْضًا، وَأَعْطَاهُ اسْمًا فَوْقَ كُلِّ اسْمٍ لِكَيْ تَجْثُوَ بِاسْمِ يَسُوعَ كُلُّ رُكْبَةٍ مِمَّنْ فِي السَّمَاءِ وَمَنْ عَلَى الأَرْضِ وَمَنْ تَحْتَ الأَرْضِ» (فيلبي ٢ : ٩ - ١٠).

السقوط على الوجه

الآن نصل إلى أكثر الأوصاف استخداماً للعبادة في الكتاب المقدس وهو السقوط منبطحاً على وجهك أمام الله، ولهذا معنى محدد ومميز، فهو يعني اتكالاً كاملاً على الله، فمعناه: «يا رب لا يمكنني أن أفعل شيئاً بدونك، ولا يمكنني حتى أن أبدأ في أمر ما بدونك» فكما قال جون بانيان في إحدى المرات: من هو بالأسفل يجب ألا يخاف من السقوط.

المتضع بلا كبرياء

والمتضع سيعتمد على الله ليقوده. عندما يكون وجهك لأسفل على الأرض فإنك بهذا تصل إلى أدنى وضع يمكن أن تصل له، ولا توجد طريقة لكي تغير بها هذا الوضع سوى شئ واحد.. وهو أن تقوم.

في (تكوين ١٧) ظهر الله لإبراهيم مرتين، وهذا إصحاح هام للغاية لأنّ الرب دخل في عهدٍ أبديّ مع إبراهيم ونسله لكي يكون إلههم ولكي يعطيهم تلك الأرض في الطرف الشرقي من البحر المتوسط كملك أبدي لهم، ولهذا ففي أول مرة ظهر فيها الرب لإبراهيم (أو لأبرام كما كان اسمه في ذلك الوقت) قال:

«وَلَمَّا كَانَ أَبْرَامُ ابْنَ تِسْعٍ وَتِسْعِينَ سَنَةً ظَهَرَ الرَّبُّ لأَبْرَامَ وَقَالَ لَهُ: «أَنَا اللهُ الْقَدِيرُ. سِرْ أَمَامِي وَكُنْ كَامِلاً فَأَجْعَلَ عَهْدِي بَيْنِي وَبَيْنَكَ وَأُكَثِّرَكَ كَثِيراً جِدّاً». فَسَقَطَ أَبْرَامُ عَلَى وَجْهِهِ. وَقَالَ اللهُ لَهُ» (تك ١٧ : ١-٣)

ثم فيما بعد في نفس الأصحاح، نقرأ :

«وَقَالَ اللهُ لإِبْرَاهِيمَ: «سَارَايُ امْرَأَتُكَ لاَ تَدْعُو اسْمَهَا سَارَايَ بَلِ اسْمُهَا سَارَةُ. وَأُبَارِكُهَا وَأُعْطِيكَ أَيْضاً مِنْهَا ابْناً. أُبَارِكُهَا فَتَكُونُ أُمَماً وَمُلُوكُ شُعُوبٍ مِنْهَا يَكُونُونَ». فَسَقَطَ إِبْرَاهِيمُ عَلَى وَجْهِهِ وَضَحِكَ» (تك ١٧ : ١٥-١٧)

إنَّه أمر لا يمكن تصديقه ! كيف يمكن للرب أن يقول مثل هذا الأمر عن ساراي أو ساره في ذلك الوقت، الذى تعّدت فيه سن الإنجاب ؟ ولكن في الوقت المناسب حدث، قد كان ابراهيم معتاداً على السقوط على وجهه أمام الله وقد فعل هذا مرتين في أصحاح ١٧

في لاويين هناك مثال آخر لأناس سقطوا على وجوههم أمام الله :

«وَخَرَجَتْ نَارٌ مِنْ عِنْدِ الرَّبِّ وَأَحْرَقَتْ عَلَى الْمَذْبَحِ الْمُحْرَقَةَ وَالشَّحْمَ. فَرَأَى جَمِيعُ الشَّعْبِ وَهَتَفُوا وَسَقَطُوا عَلَى وُجُوهِهِمْ» (لاويين ٩ : ٢٤) .

لا أعتقد أنه كان بإمكانهم أن يظلّوا واقفين إن حاولوا الوقوف، فقد كانوا في حضرة الله الروح القدس، ثم نقرأ فيما بعد في سفر العدد :

«فَأَتَى مُوسَى وَهَارُونُ مِنْ أَمَامِ الْجَمَاعَةِ إِلَى بَابِ خَيْمَةِ الاجْتِمَاعِ وَسَقَطَا عَلَى وَجْهَيْهِمَا، فَتَرَاءَى لَهُمَا مَجْدُ الرَّبِّ» (عدد ٢٠ : ٦) .

نواصل لنرى أمثلةً في كل الكتاب المقدس، فيشوع سقط على وجهه عندما ظهر له رئيس جند الرب انظر (يشوع ٥ : ١٤)، وعندما دعا إيليا أن تنزل نار من السماء على الذبيحة في جبل الكرمل، «**فَلَمَّا رَأَى جَمِيعُ الشَّعْبِ ذلِكَ سَقَطُوا عَلَى وُجُوهِهِمْ وَقَالُوا: «الرَّبُّ هُوَ اللهُ! الرَّبُّ هُوَ اللهُ!**» (١ملوك ١٨ : ٣٩). لم يكن هناك شخص واحد واقف، هذه هي الاستجابة لحضور الله، وفي حزقيال نقرأ:

«**كَمَنْظَرِ الْقَوْسِ الَّتِي فِي السَّحَابِ يَوْمَ مَطَرٍ، هكَذَا مَنْظَرُ اللَّمَعَانِ مِنْ حَوْلِهِ. هذَا مَنْظَرُ شِبْهِ مَجْدِ الرَّبِّ. وَلَمَّا رَأَيْتُهُ خَرَرْتُ عَلَى وَجْهِي، وَسَمِعْتُ صَوْتَ مُتَكَلِّمٍ**» (حزقيال ١ : ٢٨).

أسأل إن كان هناك رجل أو امرأة لم يسقط على وجهه أو وجهها أمام الرب وهو قريب للرب، لابد وأن تبحث عن طريقة في كل الكتاب المقدس لكي تجد أيّاً من رجال الكتاب المقدس العظماء فعلاً الذين لم يسقطوا على وجوههم أمام الله، فأنا أمارس هذا الوضع من العبادة، ليس كأمر شرعي أو طقسي بل نتيجة لحاجتي للشعور بالأمان، وقد وجدت أنّى لا أشعر بالأمان الكامل إلا عندما أكون على وجهي أمام الله، فهذه هي الطريق للعظمة، أن تسقط بوجهك أمام الله.

لا أشعر بالأمان الكامل
إلا عندما أكون على وجهي أمام اللّٰه

الرقص أمام الرب

هناك عمل آخر للعبادة يصفه لنا الكتاب المقدس.

ففي (٢صموئيل) نجح داود أخيراً في إعادة التابوت إلى أورشليم بعدما أخذه الفلسطينيون ثم وضعه في مكان آمن، وقد كانت هناك مشكلات كثيرة طوال الطريق، والرب قتل عضواً في الفريق الأول وكان عليهم أن يتعلموا درساً هاماً، أنّ اللاويين فقط هم من يمكنهم أن يلمسوا التابوت، وبعد ذلك رجع التابوت إلى أورشليم مصحوباً بكل أنواع الموسيقى، ويسجل لنا الكتاب المقدس الأمر هكذا:

«وَكَانَ دَاوُدُ يَرْقُصُ بِكُلِّ قُوَّتِهِ أَمَامَ الرَّبِّ. وَكَانَ دَاوُدُ مُتَنَطِّقًا بِأَفُودٍ مِنْ كَتَّانٍ» (٢صموئيل ٦ : ١٤).

كان الأفود نوعاً من الملابس يجعلك تبدو كما لو كنت كاهناً، « وَكَانَ دَاوُدُ يَرْقُصُ بِكُلِّ قُوَّتِهِ أَمَامَ الرَّبِّ »، داود كان رجلاً قوياً وشجاعاً، لهذا عندما رقص بكل قوته لا أعتقد أنه كانت هناك أيّة عضلة في جسده لا تتحرك، فأتصوره يقفز لأعلى ولأسفل ويعطي الرقص كل جسده بجملته، هذه هي العبادة، فلن تتحرر فعلاً حتى يتحرر جسدك كله.

ولكن هناك جانب آخر في هذه القصة :

«وَرَجَعَ دَاوُدُ لِيُبَارِكَ بَيْتَهُ. فَخَرَجَتْ مِيكَالُ بِنْتُ شَاوُلَ لاسْتِقْبَالِ دَاوُدَ، وَقَالَتْ: «مَا كَانَ أَكْرَمَ مَلِكَ إِسْرَائِيلَ الْيَوْمَ، حَيْثُ تَكَشَّفَ الْيَوْمَ فِي أَعْيُنِ إِمَاءِ عَبِيدِهِ كَمَا يَتَكَشَّفُ أَحَدُ السُّفَهَاءِ». فَقَالَ دَاوُدُ لِمِيكَالَ: «إِنَّمَا أَمَامَ الرَّبِّ الَّذِي اخْتَارَنِي دُونَ أَبِيكِ وَدُونَ كُلِّ بَيْتِهِ لِيُقِيمَنِي رَئِيسًا عَلَى شَعْبِ الرَّبِّ إِسْرَائِيلَ، فَلَعِبْتُ أَمَامَ الرَّبِّ. وَإِنِّي أَتَصَاغَرُ دُونَ ذلِكَ وَأَكُونُ وَضِيعًا فِي عَيْنَيْ نَفْسِي، وَأَمَّا عِنْدَ الإِمَاءِ الَّتِي ذَكَرْتِ فَأَتَمَجَّدُ» (٢صموئيل ٦ : ٢٠ - ٢٢) .

ونقرأ في آخر آية من هذه القصة :

«وَلَمْ يَكُنْ لِمِيكَالَ بِنْتِ شَاوُلَ وَلَدٌ إِلَى يَوْمِ مَوْتِهَا» (٢صموئيل ٦ : ٢٣) .

كل هذا لأنها احتقرت زوجها لأنه رقص أمام الرب ، أنه أمر محزن ولكنه خطير للغاية أيضاً أن تنتقد الناس الذين يستمتعون بالرب ، فربما لا يكونون متمكنين وربما لم يحظوا بقدرٍ كبيرٍ من التعليم ولكن الله يحب هذا ، وهو يريد أن يستمتع به الجميع ، لهذا كن حريصاً أن لا تدين أو تحكم .

من المهم أن نعبد الله بكل الجسد ، قال يسوع أنه يجب أن نعبد بالروح والحق ، وقال بولس : **«وَلْتُحْفَظْ رُوحُكُمْ وَنَفْسُكُمْ وَجَسَدُكُمْ كَامِلَةً بِلاَ لَوْمٍ»** (١ تسالونيكي ٥ :٢٣) تذكر ما تعلمناه سابقاً أنّ الكيان

الإنساني الكامل هو عبارة عن روح ونفس وجسد، ويجب أن تجعل كل شخصيتك متوافقة مع الله وتتجاوب مع الله بالطريقة التي يريدها.

من المهم أن نعبد الله بكل الجسد

عمل العبادة المادي

من الطرق الأخرى التي يمكننا أن نعبد بها الله في العالم الملموس هـي التقدمات المادية، الله يريدنا أن نرى أن نقودنا هي أمر مقدس، شيء يجب أن نقدمه له في العبادة، وبدون أن نفعل هذا فإن عبادتنا ليست كاملة.

في سفر الخروج، أعطى الله وصايا عن كيف يجب على كل ذَكَر في إسـرائيل أن يسـافر إلى الهيكل في أورشـليم ثـلاث مرات في السنة ليقدم العبادة وليفرح ويحتفل أمام الله:

«**ثَلاَثَ مَرَّاتٍ تُعَيِّدُ لِي فِي السَّنَةِ. تَحْفَظُ عِيدَ الْفَطِيرِ. تَأْكُلُ فَطِيرًا سَبْعَةَ أَيَّامٍ كَمَا أَمَرْتُكَ فِي وَقْتِ شَهْرِ أَبِيبَ، لأَنَّهُ فِيهِ خَرَجْتَ مِنْ مِصْرَ. وَلاَ يَظْهَرُوا أَمَامِي فَارِغِينَ**» (خروج ٢٣ : ١٤ ـ ١٥).

كان هـذا جزءاً من النظام الذي وضعه الله للعبادة والاحتفال في الهيكل، فكان يجب أن يذهبوا في الوقت الذي عّينه الله وبالطريقة

التي عينها الله، ولم يكن مسموحاً لأي إسرائيلي أن يظهر أمام الله فارغاً، فلابد وأن تكون هناك تقدمة لجزء من الإحتفال والعبادة. في (مزمور ٩٦) يقول كاتب المزامير:

«**قَدِّمُوا لِلرَّبِّ مَجْدَ اسْمِهِ. هَاتُوا تَقْدِمَةً وَادْخُلُوا دِيَارَهُ. ٩اسْجُدُوا لِلرَّبِّ فِي زِينَةٍ مُقَدَّسَةٍ**» (مزمور٩٦ : ٨ - ٩).

بمعنى آخر، «لا تأتي بدون تقدمة»، وفي هذا الجزء نرى ثلاث حقائق هامة عن التقدمة لله (سواء كانت تلك التقدمة مالية أو أي شئ آخر)، أولاً: إنها تعطي المجد لله، قال كاتب المزامير: «**قَدِّمُوا لِلرَّبِّ مَجْدَ اسْمِهِ. هَاتُوا تَقْدِمَةً**» كيف نعطي المجد لله؟ بأن نقدم له تقدماتنا.

ثانياً: يقول: «**هَاتُوا تَقْدِمَةً وَادْخُلُوا دِيَارَهُ**»، عندما نأتي بتقدماتنا فهذا يعطينا الحق في الدخول إلى ديار الله، ليس لنا الحق في المطالبة بالدخول إلى حضرة الله إن لم نأت بتقدمة، تَذّكر تلك الآية المذكورة في سفر الخروج: . «**وَلاَ يَظْهَرُوا أَمَامِي فَارِغِينَ**» (خروج ٢٣ : ١٥)، فلو أنك تريد أن تظهر أمام الله وأن تأتي إلى دياره فعليك أن تأتي بتقدمة.

ثالثاً: يخبرنا هذا الجزء من سفر المزامير: «**اسْجُدُوا لِلرَّبِّ فِي زِينَةٍ مُقَدَّسَةٍ**» (مزمور٩٦ : ٩). فعلينا أن نعبده ونسجد له بنفس السياق.

لهـذا عندمـا نأتي بتقدمة لله فهـذه هي الطريقة التـي عيّنها الله كجـزء مـن عبادتنـا ، وعبادتنا لن تكـون كاملة إلا عندمـا نقدم لله تقدماتنـا ، وعندمـا نعطـي أموالنا لله ، فإننـا بهذا نقدم جـزءاً هاماً للغايـة من حياتنـا ، إننا نعطي جزءاً أساسـياً من حياتنـا في العمل الذي يجلـب لنا دخلاً ، وعندما نقدم لله الجـزء المخصص من دخلنا فإننا بهذا نقدم أنفسنا لله ، وإننا نعطيه فعلياً وقتنا وقوتنا ومواهبنا ، ويوجد شيء أكثر قداسة يمكننا أن نقدمه لله أكثر من أنفسنا ، ويقول لنـا الله : «إن أردت أن تأتـي إلى ديـاري ، وإن أردت أن تظهر أمامي ، وإن أردت أن تعطيني مجداً ، وإن أردت أن تعبدني في زينة مقدسة ، فلتأتي بتقدمتك » ، لهذا فعندما نأتي بتقدمة وسجود وقداسة فكلها جميعاً مرتبطة بخطة الله لحياتك .

الله يحتفظ بِسِجِل

هنـا نجد نقطة أخـرى مهمة لا يدركها معظم شـعب الله وهى أنّ الله يحتفظ بسـجلٍ لما يقدمه شـعبه . في سـفر العدد أصحاح ٧ هو أصحـاح طويل للغاية به ٨٩ آية ومعظمها مخصص لوصف ما قدمه قادة أو رؤسـاء أوقادة الأسباط في إسرائيل لله ، فكل منهم قدم تماماً نفس الأشياء ولكن الأمر العجيب أنّ كلاً من هذه التقدمات مذكور بالتفصيل ، بنداً بنداً .

الله لـم يكتـف بأن يقـول : «الرئيـس الثاني قدم نفـس ما قدمه الأول» ، ولـم يقول : «قدم جميع رؤساء الأسباط الاثنى عشر جميعاً نفس الأشـياء» لا فالكتاب المقدس يسـتعرض كلّ عنصر قدّمه كل واحد من الرؤسـاء ، والآن نعلم أن الكتاب المقدس كتاب اقتصادي أي أنه لا يضيع مساحة ، لهذا فعندما يفعل الله هذا الأمر ، فهو يفعل ذلك لكى يوضح لنا كيف يسـجل بكل عنايـة ما نقدمه له ، وفيما يلي سجل بتقدمة الرئيس الأول :

«وَقَدَّمَ الرُّؤَسَاءُ قَرَابِينَهُمْ أَمَامَ الْمَذْبَحِ. فَقَالَ الرَّبُّ لِمُوسَى: «رَئِيسًا رَئِيسًا فِي كُلِّ يَـوْمٍ يُقَرِّبُونَ قَرَابِينَهُمْ لِتَدْشِينِ الْمَذْبَحِ». وَالَّذِي قَرَّبَ قُرْبَانَـهُ فِي الْيَـوْمِ الأَوَّلِ نَحْشُـونُ بْـنُ عَمِّينَـادَابَ، مِـنْ سِـبْطِ يَهُوذَا. وَقُرْبَانُهُ طَبَقٌ وَاحِدٌ مِنْ فِضَّـةٍ وَزْنُهُ مِئَةٌ وَثَلاَثُونَ شَـاقِلاً، وَمِنْضَحَةٌ وَاحِدَةٌ مِنْ فِضَّةٍ سَبْعُونَ شَاقِلاً عَلَى شَاقِلِ الْقُدْسِ، كِلْتَاهُمَا مَمْلُوءَتَانِ دَقِيقًا مَلْتُوتًا بِزَيْتٍ لِتَقْدِمَةٍ، وَصَحْنٌ وَاحِدٌ عَشَـرَةُ شَـوَاقِلَ مِنْ ذَهَبٍ مَمْلُوءٌ بَخُورًا، وَثَوْرٌ وَاحِدٌ ابْنُ بَقَرٍ وَكَبْشٌ وَاحِدٌ وَخَرُوفٌ وَاحِدٌ حَوْلِيٌّ لِمُحْرَقَـةٍ، وَتَيْسٌ وَاحِدٌ مِنَ الْمَعَزِ لِذَبِيحَةِ خَطِيَّةٍ، وَلِذَبِيحَةِ السَّـلاَمَةِ ثَوْرَانِ وَخَمْسَـةُ كِبَاشٍ وَخَمْسَةُ تُيُوسٍ وَخَمْسَـةُ خِرَافٍ حَوْلِيَّةٍ. هذَا قُرْبَانُ نَحْشُونَ بْنِ عَمِّينَادَابَ» (عدد ٧ : ١٠ ـ ١٧) .

يحتفظ الله بسجل كامل عما قدمه كل قائد ، بالتفاصيل المحددة ، مما أعطى الأمر أهمية لكى يحتفظ بهذا السجل ويذكره في الكتاب المقدس .

ولكن هذه القصة ليست محفوظة للطقوس القديمة العهد القديم وحسب ، لاحظ في مرقس كيف أن يسوع نفسه لاحظ بكل عناية تقدمات الجميع :

«وَجلَسَ يَسُوعُ تُجَاهَ الْخِزَانَةِ، وَنظرَ كَيْفَ يُلْقي الْجَمْعُ نُحَاسًا فِي الْخِزَانَةِ. وَكَانَ أَغْنِيَاءُ كَثِيرُونَ يُلْقُونَ كَثِيرًا. فَجَاءَتْ أَرْمَلَةٌ فَقِيرَةٌ وَأَلْقَتْ فَلْسَيْنِ، قِيمَتُهُمَا رُبْعٌ. فَدَعَا تَلاَمِيذَهُ وَقَالَ لَهُمْ: «الْحَقَّ أَقُولُ لَكُمْ: إِنَّ هذِهِ الأَرْمَلَةَ الْفَقِيرَةَ قَدْ أَلْقَتْ أَكْثَرَ مِنْ جَمِيعِ الَّذِينَ أَلْقَوْا فِي الْخِزَانَةِ، لأَنَّ الْجَمِيعَ مِنْ فَضْلَتِهِمْ أَلْقَوْا. وَأَمَّا هذِهِ فَمِنْ إِعْوَازِهَا أَلْقَتْ كُلَّ مَا عِنْدَهَا، كُلَّ مَعِيشَتِهَا» (مرقس ١٢ : ٤١ - ٤٤) .

هناك نقطتان هنا : الأولى أن يسوع لاحظ ما قدمه الجميع وقدر القيمة الحقيقية له ، ثانياً يقيس الله ما نقدمه بما نحتفظ به ، فالتى قدمت أقل شئ ، فيما يتعلق بالقيمة الفعلية ، إلا أن يسوع قد قال إنها أعطت أكثر من الجميع لأنه لم يتبقَّ لها شيئاً ، لهذا ضع هذا فى ذهنك ، عندما يقدّر الله ما تعطيه فإنه ينظر له في ضوء ما تحتفظ به .

الله يقيس ما نعطيه بما نحتفظ به

نقطة أخيرة : في يوم ما سيعطي كل منا حساباً لله : «فَإِذًا كُلُّ وَاحِدٍ مِنَّا سَيُعْطِي عَنْ نَفْسِهِ حِسَابًا لِلهِ» (رومية ١٤ : ١٢) .

هذا هو المستقبل لكل واحد منا، فعبارة: «سيعطي حساباً» في الأصل اليوناني تستخدم أساساً في الحساب المالي وهي ليست قاصرة على الحسابات المادية ولكنها تستخدم لأجل ذلك النوع من الحسابات في الأساس، لهذا فوفقاً لما يقوله الكتاب المقدس فإن كلَّ واحد منا سيعطي حساباً مالياً أمام الله.

الله ليس بحاجة لأموالنا، ولكنه يعلم أن اتجاهاتنا فيما يتعلق بأموالنا تكشف عن اتجاهاتنا الحقيقية نحو الله نفسه، فكما قال يسوع:

«**لاَ يَقْدِرُ أَحَدٌ أَنْ يَخْدِمَ سَيِّدَيْنِ، لأَنَّهُ إِمَّا أَنْ يُبْغِضَ الْوَاحِدَ وَيُحِبَّ الآخَرَ، أَوْ يُلاَزِمَ الْوَاحِدَ وَيَحْتَقِرَ الآخَرَ. لاَ تَقْدِرُونَ أَنْ تَخْدِمُوا اللهَ وَالْمَالَ**» (متى ٦ : ٢٤).

أمامنا خيار، فإن أردنا أن نخدم الله، فلن نخدم المال، أو الشر أو القوى الروحية التي تتحكم في الناس وتسيطر عليهم من خلال اتجاهاتهم تجاه المال، ولو كان اتجاهنا نحو الله صائباً، فإن اتجاهاتنا نحو المال ستكون صائبة أيضاً، فلو تمسّكنا بالله وتعلّقنا به، وعبدنا الله عندها سنحتقر المال، ولن نسمح لأي من تلك القوى الشريرة الشيطانية أن تملي علينا ما يجب أن نفعله، فإما محبة الله أو محبة المال، لا يوجد احتمال ثالث، لا يمكن أن تكون محايداً.

العبادة لا تقدم إلا لله فقط، فيمكنك أن تُطْري على البشر، ويمكنك أن تشكر الإنسان ولكن يجب ألا تعبد أي شخص آخر بل الرب، وهذا هو العمل الفريد الذي نقول به : «يا الله أنت إلهنا، نعبدك، فلن نقف أمامك وحسب ونقول أننا نعبدك، ولكننا ننحني ونبسط أيادينا ونجثو أمامك ونسقط على وجوهنا، ونعبدك بكل ما فينا وبكل ما نملك». إنّ عبادة الرب إلهنا تستحق أن نشرك فيها كل كياننا.

الفصل العاشر

حتمية العبادة

حتمــاً إنّ الاختيــار أمام الإنســان لا يتعلق بكونه ســيعبد أم لا، ولكن فقط لمن سيوجه عبادته.

تخبرنا كلمة الله التي تكلم بها لإسرائيل من جبل ســيناء بهذا الأمــر بمنتهى الوضــوح، وهي الكلمات التي نشــير لهــا على أنها الوصايا العشر، وهنا ما قاله الله لإسرائيل في تلك المناسبة:

«ثُـمَّ تَكَلَّمَ اللهُ بِجَمِيعِ هذِهِ الْكَلِمَاتِ قَائِـلاً: «أَنَا الرَّبُّ إِلهُكَ الَّذِي أَخْرَجَـكَ مِنْ أَرْضِ مِصْـرَ مِنْ بَيْـتِ الْعُبُودِيَّةِ. لاَ يَكُنْ لَـكَ آلِهَةٌ أُخْرَى أَمَامِي. لاَ تَصْـنَعْ لَكَ تِمْثَالاً مَنْحُوتًا، وَلاَ صُـورَةً مَا مِمَّا فِي السَّـمَاءِ مِنْ فَوْقُ، وَمَا فِي الأَرْضِ مِنْ تَحْتُ، وَمَا فِي الْمَاءِ مِنْ تَحْتِ الأَرْضِ. لاَ تَسْجُدْ لَهُنَّ وَلاَ تَعْبُدْهُنَّ، لأَنِّي أَنَا الرَّبَّ إِلهَكَ إِلهٌ غَيُورٌ، أَفْتَقِدُ ذُنُوبَ الآبَاءِ فِي الأَبْنَاءِ فِي الْجِيلِ الثَّالِثِ وَالرَّابعِ مِنْ مُبْغِضِيَّ» (خروج ٢٠: ١-٥).

أود أن ألفت انتباهك إلى نقاط محددة وهامة في هذا الجزء، أولاً الله لن يشاركه في العبادة أي شخص أو أي شئ، فلو أننا سنعبد الله فنحن نعبده وحده، وهو الوحيد الذي له الحق في الحصول على تلك

العبادة ، ولا يوجد أي شخص أو شئ أو كيان في هذا الكون يمكننا أن نقدم له عبادتنا سوى الله الحقيقي .

ثانياً : يشير الإنحناء دائماً إلى العبادة ، وقد قال الله في إشارة إلى الأوثان الممنوعة : «**لاَ تَسْجُدْ لَهُنَّ**» (خروج ٢٠ : ٥) . فالسجود والعبادة هما مترادفان لمعنى واحد .

العبادة والسجود التي توجه لله وحده لا يمكن أن توجّه لأي شخص أو أي شيء آخر

النقطة الثالثة هي جَدٌّ خطيرة وهي أنَّ العواقب الشريرة المترتبة على سوء توجيهنا لعبادتنا ستمتد إلى أولادنا ونسلنا من بعدنا ، فالله يقول إنه سيعاقب الأولاد على خطية آبائهم حتى الجيل الثالث والرابع ، وهذا العقاب المتعلق بالأجيال لا ينتج عن أي خطية أخرى يرتكبها الإنسان ، ولكن عن هذه الخطية بصفة خاصة لأنها خطية فريدة للغاية ، ومحزنة للغاية أي تقديم العبادة لإله آخر غير الله الحقيقي ، لهذا يقول الله إنّ العواقب ستمتد إلى الجيل الثالث والرابع لهؤلاء الذين يفعلون هذا .

تقدمة القربان

يشير سفر اللاويين إلى تقدمة مادية في العهد القديم ولكن كما هو الحال مع العديد من ممارسات العهد القديم ، فإنّ هذه التقدمة لها

علاقة بالعالم الروحي وبصفة خاصة بالعبادة :

«وَإِذَا قَـرَّبَ أَحَـدٌ قُرْبَـانَ تَقْدِمَةٍ لِلـرَّبِّ، يَكُونُ قُرْبَانُـهُ مِنْ دَقِيقٍ. وَيَسْكُبُ عَلَيْهَا زَيْتًا، وَيَجْعَلُ عَلَيْهَا لُبَانًا» (لاويين ٢ : ١).

إن هـذه التقدمـة عبارة عن وجبة أو دقيق يجـب أن يُطْحَن جيداً إلـى أجزاء صغيرة للغاية، وكما ذكرت مـن قبل فهذا يمثل تقدمتنا أي تقدمـة حياتنـا لله، والله يريـد أن تصبح حياتنا صغيـرة للغاية، فهـو يريد كل شـيء حتى يمكنـه أن يتعامل معه بـدون مقاومتنا أو معارضتنا لإرادته.

عندمـا نقـدم حيا تنا لله فهناك أمران رمزيـان يجب أن نفعلهما، لابد وأن نسكب الزيت عليها، وأن نضع لباناً على هذه التقدمة، في كل الكتـاب المقدس يُعَدُّ الزيت هو رمزاً ثابتاً للـروح القدس، فلا يمكننا أن نقدم أي شيء لله إلا إذا مكّننا الروح القدس من أن نقدمه.

واللبان هو أحد أنواع الإفرازات ذات الرائحة العطرة التي تأتي من الأشـجار، ففي حالته الطبيعية عادة ما يكون لونه أبيض وليس له أي صـفات جذابة، ولكن عندما يُحرَق تنبعث منه رائحة جميلة ومميـزة تمثـل العبادة، في الواقع فـإن معظم الحالات التى تجد فيها كلمات فى الكتاب المقدس تصف بخور أو رائحة فهي تشير إلى عبادة.

لهذا عندما نقدم أنفسنا للرب يجب أن نفعل هذا بالروح القدس ويجب أن نفعل هذا بروح العبادة، ولكنْ هناك شئ مختلف يحدث مع اللبان :

«وَيأْتِي بِهَا إِلَى بَنِي هَارُونَ الْكَهَنَةِ، وَيَقْبِضُ مِنْهَا مِلْءَ قَبْضَتِهِ مِنْ دَقِيقِهَا وَزَيْتِهَا مَعَ كُلِّ لُبَانِهَا، وَيُوقِدُ الْكَاهِنُ تَذْكَارَهَا عَلَى الْمَذْبَحِ، وَقُودَ رَائِحَةِ سُرُورٍ لِلرَّبِّ» (لاويين ٢ : ٢).

لابد وأن يوجد كاهن لكي يقدم هذه التقدمة، فهو يأخذ جزءاً صغيراً من الدقيق والزيت ويضعهما في نيران التقدمة، ولكنه يأخذ أيضاً كل اللبان وهذا أيضاً هام للغاية، **فالعبادة (اللبان) لا تذهب إلا للرب، وإنها لخطية أن نقدم العبادة وأن نعطي اللبان لأي شخص آخر سوى الرب**، واعتقد أنّ هناك درساً يجب أن يتعلمه الكثير من المؤمنين ذوى الشخصيات المرموقة، ففي العقود الأخيرة، رأينا شخصيات معروفة ومميزة تنهار من الكوارث المخزية، وأعتقد أن أحد الأسباب وراء هذا هو أنهم في بعض الأحيان قد سمحوا لأتباعهم أن يأخذوا جزءاً من اللبان ويقدموه للواعظ.

كواعظ لا أريد اللبان أبداً، فكثيراً ما سيقترب الناس مني بكلمات الإطراء والتي أقدرها ولكن العبادة لا تقدم إلا لشخص واحد فقط هو الله، تذكر أن أي شخص نعبده يصبح إلهاً لنا، فلو أننا نعبد الواعظ، فإننا بهذا نجعل منه إلهاً لنا، وهذا أمر خطير جداً.

عبادة الله حتماً تقود إلى خدمة

العبادة والخدمة

في الكثير من المقاطع الكتابية المتعلقة بالعبادة ستلاحظ أنّ العبادة حتماً تؤدي إلى خدمة، فمهما كان ما نعبده، فحتماً سنخدمه، وهذا يظهر بكل وضوح في الحوار الذي دار بين يسوع والشيطان عندما جّرب الشيطان يسوع بأن يخر ويسجد له، وقد كانت هذه هي التجربة الكبرى من بين كل تجارب البرية الثلاث:

«ثُمَّ أَخَذَهُ أَيْضًا إِبْلِيسُ إِلَى جَبَل عَال جِدًّا، وَأَرَاهُ جَمِيعَ مَمَالِكِ الْعَالَمِ وَمَجْدَهَا، وَقَالَ لَهُ: «أُعْطِيكَ هذِهِ جَمِيعَهَا إِنْ خَرَرْتَ وَسَجَدْتَ لِي». حِينَئِذٍ قَالَ لَهُ يَسُوعُ: «اذْهَبْ يَا شَيْطَانُ! لأَنَّهُ مَكْتُوبٌ: لِلرَّبِّ إِلهِكَ تَسْجُدُ «تعبد وَإِيَّاهُ وَحْدَهُ تَعْبُدُ» تخدم» (متى ٤ : ٨ - ١٠).

لاحظ الترتيب والعلاقة هنا، العبادة أولاً ثم السجود، لهذا يحاول كثير من المؤمنين أن يعكس النظام ولكن الأمر لا ينجح، فالخدمة دون عبادة ليست شيئاً.

ولكنْ هناك أيضاً ارتباط وظيفي، فلكما زادت عبادتنا لأي شخص أو شيء، زاد احتمال ظهور نتائج تترتب على ذلك في حياتنا، أولاً: يزيد إكتمال التزامنا بالشخص أو بالشيء، ثانياً يزيد إكتسابنا هوية هذا الشخص أو الشئ، فالعبادة حتماً تقود إلى التكريس والتماثل. وهكذا فأن العبادة هي القرار الأساسي ولا

يمكن لأي أحد منا أن يتجاهله، فقد خلق الله الإنسان أصلاً ليعبده، ولا يمكنه أن يغير هذا الجانب من طبيعته، وكل ما يستطيع أن يغيره هو اتجاه هذه العبادة من الإله الحقيقي إلى إله مزيف.

خلق الله الإنسان ليعبده

دعني أعطيك أمثلة قليلة عن آلهة مزيفة تنتشر عبادتها بين البشر، **أولاً الأوثان الحقيقية**، ففي كل أنحاء العالم وفي كل ثقافة ستجد أوثاناً من الخشب والحجر يعبدها الناس، والمصطلح الشائع الذي نستخدمه لهذا الأمر هو عبادة الأوثان.

ثانياً: كثيراً ما يعبد الناس رغباتهم الجسدية وأهوائهم، فتصبح تلك الأشياء آلهة لهم، والكلمة التي نستخدمها عادة لكي تعبر عن عبادة المتعة هي «Hedonism» أي مذهب المتعة.

ثالثاً: المال والممتلكات المادية، فملايين البشر في كل أنحاء العالم قد جعلوا المال الههم، والكتاب المقدس يشير إلى هذا النوع من العبادة الوثنية بأنه شهوة الامتلاك.

رابعاً: يأتي قادة البشر السياسيون مثل هتلر ولينين، فمن الغريب أن هؤلاء الذين رفضوا الكتاب المقدس ورفضوا الإله الحقيقي بفلسفاتهم السياسية ينتهي بهم الأمر بأن يكونوا هدفاً بشرياً وبديلاً للعبادة.

وأخيراً هناك مؤسسي العبادات والديانات المزيفة ، فالأحداث المأساوية التي ظهرت في جونزتون ، وجاينا ، وواكوا بتكساس جميعها كانت نتيجة لعبادة قائد لأحد المذاهب أو الديانات مزيفة .

العبادة ونهاية الأزمنة

ما هو الشائع فى أشكال العبادة الزائفة المنتشرة ؟ كلها تؤدي إلى شخصٍ واحدٍ هو الشيطان ، فالشيطان يريد العبادة لأنها الأمر الوحيد الذى يساند ادّعاءاته بأنه مساوٍ مع الله ، في مرحلة سابقة أخبرتك أن العبادة هي لله وحده ، لهذا إن حصل الشيطان على العبادة ، فهذا يؤكد إدعاؤه بأنه مساوي لله ، وهذا ما تسبب في سقوط الشيطان في المقام الأول كما هو مذكور في سفر إشعياء : «**كَيْفَ سَقَطْتِ مِنَ السَّمَاءِ يَا زُهَرَةُ، بِنْتَ الصُّبْحِ؟**» (إشعياء ١٤ : ١٢) ، بنت الصبح وزهرة هما لقبان للشيطان ، وفي الآيات التي تلت تلك الآية يكشف النبي عن الدافع الداخلي للشيطان والذي جعله يتمّرد على الله الحقيقي :

«**وَأَنْتَ قُلْتَ فِي قَلْبِكَ: أَصْعَدُ إِلَى السَّمَاوَاتِ. أَرْفَعُ كُرْسِيِّي فَوْقَ كَوَاكِبِ اللهِ، وَأَجْلِسُ عَلَى جَبَلِ الاجْتِمَاعِ فِي أَقَاصِي الشَّمَالِ. أَصْعَدُ فَوْقَ مُرْتَفَعَاتِ السَّحَابِ. أَصِيرُ مِثْلَ الْعَلِيِّ**» (إشعياء ١٤ : ١٣ - ١٤) .

لاحظ تلك العبارة التي تتكرر كثيراً: «أصعد، أرفع» ضمير الأنا، فهذا هو جوهر تمرد الشيطان أن يضع إرادته عكس إرادة الله، وفي الكلمات الأخيرة نجد الطموح الأسمى للشيطان: «أصير مثل العلي» مرة أخرى نجد أن التساوي مع الله هو الهدف الأساسي للشيطان، والطريقة الوحيدة التي يمكنه أن يطالب عن طريقهما بهذا التساوي هو في الحصول على العبادة والسجود، لأنه عندما يطالب بهما فهو بهذا يقدم نفسه على أنه إله بطريقة ما.

وفقاً للكتاب المقدس فسيكون هناك فترة قصيرة من الوقت عندما يقترب الشيطان من تحقيق طموحه على الأرض:

«ثُمَّ وَقَفْتُ عَلَى رَمْلِ الْبَحْرِ، فَرَأَيْتُ وَحْشًا طَالِعًا مِنَ الْبَحْرِ لَهُ سَبْعَةُ رُؤُوسٍ وَعَشَرَةُ قُرُونٍ، وَعَلَى قُرُونِهِ عَشَرَةُ تِيجَانٍ، وَعَلَى رُؤُوسِهِ اسْمُ تَجْدِيفٍ. وَالْوَحْشُ الَّذِي رَأَيْتُهُ كَانَ شِبْهَ نَمِرٍ، وَقَوَائِمُهُ كَقَوَائِمِ دُبٍّ، وَفَمُهُ كَفَمِ أَسَدٍ. وَأَعْطَاهُ التِّنِّينُ قُدْرَتَهُ وَعَرْشَهُ وَسُلْطَانًا عَظِيمًا» (رؤيا ١٣: ١-٢)

إنّ الدراسة الكاملة لهذا الجزء تكشف عن أن الوحش هو رئيس بشري، ولكن الوحش هو الشيطان نفسه، والآن انظر إلى العواقب:

«وَسَجَدُوا لِلتِّنِّينِ الَّذِي أَعْطَى السُّلْطَانَ لِلْوَحْشِ، وَسَجَدُوا لِلْوَحْشِ قَائِلِينَ: «مَنْ هُوَ مِثْلُ الْوَحْشِ؟ مَنْ يَسْتَطِيعُ أَنْ يُحَارِبَهُ؟» (رؤيا ١٣: ٤).

هذا هو الطريق الذى يسلكه التاريخ الإنساني تجاه التمرد على الله، فالشيطان ينتقل ويعمل في كل الأرض وفي كل الأمم وبين كل القادة السياسيين وفي كل مكان وفي داخله هدف أعلى هو الحصول على العبادة، وحتماً سيجد ذلك القائد السياسى الذى سيعطيه القوة حتى يمكن لهذا الإنسان أن ينال عبادة البشر، ومن خلاله سيحصل الشيطان على السجود أيضاً.

يجب أن نسأل أنفسنا، مَنْ أعبُده؟ مَنْ هو إلهي؟

لهذا نحن بحاجة فعلاً إلى أن نكون واضحين جداً بشأن الإجابة عن سؤال واحد فقط: من أعبد؟ من هو إلهي؟ يقدم لنا يسوع الإجابة الوحيدة الصحيحة على هذا السؤال:

«اذْهَبْ يَا شَيْطَانُ! لأَنَّهُ مَكْتُوبٌ: لِلرَّبِّ إِلهِكَ تَسْجُدُ (تعبد) وَإِيَّاهُ وَحْدَهُ تَعْبُدُ (تخدم)» (متى ٤ : ١٠).

هل ترغب في أن تقول هذا؟ «سأعبد الرب»، وسأخدم الرب وحده؟ هذا هو أهم قرار يمكنك أن تتخذه، وسيحدد هذا القرار مصيرك الأبدي.

الفصل الحادي عشر

السجود أمام العرش

منذ فترة قلت لروث: «إننا لا نقرأ سفر الرؤيا بما يكفي، فهو سفر يصعب فهمه، ولكن هذا لا يعني أنه يجب ألا نقرأه»، لهذا قرأناه قراءة سريعة مرة واحدة، ولكننا لم نفهم منه شيئاً، فقرأناه سريعاً مرة أخرى، ولكن ثانية لم نفهم منه شيئاً، فقلت: «لا تقلقي: هذه هي كلمة الله وسنقرأها» وللمرة الثالثة حدث شيء ما، فبعد هذا كلما تسألني روث ماذا سنقرأ تعرف ما سأقوله إذ سنقرأ رؤيا ٤ و ٥.

يدور (رؤيا ٤) عن قاعة العرش في السماء، هذا المكان هو المكان الذي يدار منه الكون، والكلمة الأساسية في هذا الإصحاح هي كلمة عرش، وففي إحدى عشرة آية تتكرر الكلمة أربع عشرة مرة، ففي حجرة العرش هذه هناك نشاط واحد متميز للغاية هو العبادة:

«قُدُّوسٌ، قُدُّوسٌ، قُدُّوسٌ، الرَّبُّ الإِلهُ الْقَادِرُ عَلَى كُلِّ شَيْءٍ، الَّذِي كَانَ وَالْكَائِنُ وَالَّذِي يَأْتِي». وَحِينَمَا تُعْطِي الْحَيَوَانَاتُ مَجْدًا وَكَرَامَةً وَشُكْرًا لِلْجَالِسِ عَلَى الْعَرْشِ، الْحَيِّ إِلَى أَبَدِ الآبِدِينَ، يَخِرُّ الأَرْبَعَةُ

وَالْعِشْرُونَ شَيْخًا قُدَّامَ الْجَالِسِ عَلَى الْعَرْشِ، وَيَسْجُدُونَ لِلْحَيِّ إِلَى أَبَدِ الآبِدِينَ، وَيَطْرَحُونَ أَكَالِيلَهُمْ أَمَامَ الْعَرْشِ» (رؤيا ٤ : ٨ - ١٠) .

هذا هو النمط الخاص بالعبادة والسجود في السماء، فقد سقطوا أمام الجالس على العرش، أتذكر ترنيمة قديمة في الكنيسة: «بقوةٍ لاسم يسوع أشدو وأنشد، دعوا الملائكة له تجثو وتسجد... هاتوا له التاج الذي جلَّ عن المثل وتوجوا يسوع وحده رباً على الكل» أتذكر أنني كنت أنظر إلى المترددين على الكنيسة يقفون في صفوفهم يرنمون: دعوا الملائكة له تجثو»، وسيقول أغلب الناس: «حسنا ربما يكون هذا حسناً بالنسبة للملائكة ولكن لا تطلب مِني أن أفعل أي شيء يقلل من شأني»، ولكن هذا هو الوضع في السماء، أعلم أنني مسرور تماماً بالعبادة على النحو الذى يعبدون به الرب.

إن العمل الوحيد الواضح الذي يميز العرش السماوي هو العبادة والسجود

في سفر الرؤيا، لدينا مشهد للجالس على العرش ومعه السفر، وهناك ملاك قوي يقول بصوت مرتفع: **«مَنْ هُوَ مُسْتَحِق أَنْ يَفْتَحَ السِّفْرَ وَيَفُكَّ خُتُومَهُ؟»** (رؤيا ٥ : ٢)، لا أحد قوي بالدرجة الكافية، ولا يوجد أحد يمكن أن يفعل هذا الأمر في كل السماء، ثم يبكي يوحنا لأنه يريد أن يعرف ما هو في السفر، ثم يقول له أحد

الشيوخ: «**لاَ تَبْكِ. هُوَذَا قَدْ غَلَبَ الأَسَدُ الَّذِي مِنْ سِبْطِ يَهُوذَا، أَصْلُ دَاوُدَ، لِيَفْتَحَ السِّفْرَ وَيَفُكَّ خُتُومَهُ السَّبْعَةَ**» (رؤيا ٥ : ٥).

يلتفت يوحنا حوله متوقعاً أن يرى الأسد ولكنه يرى حَمَلاً، وكأنه مذبوح، فيقول يوحنا:

«**وَرَأَيْتُ فَإِذَا فِي وَسَطِ الْعَرْشِ وَالْحَيَوَانَاتِ الأَرْبَعَةِ وَفِي وَسَطِ الشُّيُوخِ خَرُوفٌ قَائِمٌ كَأَنَّهُ مَذْبُوحٌ، لَهُ سَبْعَةُ قُرُونٍ وَسَبْعُ أَعْيُنٍ، هِيَ سَبْعَةُ أَرْوَاحِ اللهِ الْمُرْسَلَةُ إِلَى كُلِّ الأَرْضِ. فَأَتَى وَأَخَذَ السِّفْرَ مِنْ يَمِينِ الْجَالِسِ عَلَى الْعَرْشِ**» (رؤيا ٥ : ٦ ـ ٧).

ما يتلو ذلك وصف مثير لكل العالم السماوي المشغول في العبادة والسجود:

«**وَلَمَّا أَخَذَ السِّفْرَ خَرَّتِ الأَرْبَعَةُ الْحَيَوَانَاتُ وَالأَرْبَعَةُ وَالْعِشْرُونَ شَيْخًا أَمَامَ الْخَرُوفِ، وَلَهُمْ كُلِّ وَاحِدٍ قِيثَارَاتٌ وَجَامَاتٌ مِنْ ذَهَبٍ مَمْلُوَّةٌ بَخُورًا هِيَ صَلَوَاتُ الْقِدِّيسِينَ. وَهُمْ يَتَرَنَّمُونَ تَرْنِيمَةً جَدِيدَةً قَائِلِينَ: «مُسْتَحِق أَنْتَ أَنْ تَأْخُذَ السِّفْرَ وَتَفْتَحَ خُتُومَهُ، لأَنَّكَ ذُبِحْتَ وَاشْتَرَيْتَنَا للهِ بِدَمِكَ مِنْ كُلِّ قَبِيلَةٍ وَلِسَانٍ وَشَعْبٍ وَأُمَّةٍ، وَجَعَلْتَنَا لإِلهِنَا مُلُوكًا وَكَهَنَةً، فَسَنَمْلِكُ عَلَى الأَرْضِ**» (رؤيا ٥ : ٨ ـ ١٠).

لاحظ ما يفعله الشيوخ، أنهم يسقطون على الأرض، ولاحظ

كيف تأتي صلواتنا لمحضر الرب إنها كجامة من ذهب مملوءة بخوراً، وماذا يمثل البخور؟ انه يمثل العبادة، فهذه أول دائرة للعبادة، الأربعة حيوانات والأربعة والعشرون شيخاً الذي يسقطون على وجوههم ويسبحون الله لأجل عمل فدائه العظيم بيسوع، ثم يكمل يوحنا:

«وَنَظَرْتُ وَسَمِعْتُ صَوْتَ مَلاَئِكَةٍ كَثِيرِينَ حَوْلَ الْعَرْشِ وَالْحَيَوَانَاتِ وَالشُّيُوخِ، وَكَانَ عَدَدُهُمْ رِبَوَاتِ رِبَوَاتٍ وَأُلُوفَ أُلُوفٍ» (رؤيا ٥ : ١١).

هذه هي الطريقة التي تشير بها اللغة الصينية إلى رقم المليون، فربوات في ربوات عبارة عن مائة مليون، ثم هناك المزيد من المليون. عندما تفكر أنّ ملاكاً واحداً في ليلة واحدة يمكن أن يدمر ١٨٥,٠٠٠ عسكري آشوري، انظر (٢ ملوك ١٩ : ٣٥)، فستتعجب لأنه لن يكون علينا أن نقلق من شيء.

«قَائِلِينَ بِصَوْتٍ عَظِيمٍ: «مُسْتَحِق هُوَ الْخَرُوفُ الْمَذْبُوحُ أَنْ يَأْخُذَ الْقُدْرَةَ وَالْغِنَى وَالْحِكْمَةَ وَالْقُوَّةَ وَالْكَرَامَةَ وَالْمَجْدَ وَالْبَرَكَةَ!». ١٣وَكُلُّ خَلِيقَةٍ مِمَّا فِي السَّمَاءِ وَعَلَى الأَرْضِ وَتَحْتَ الأَرْضِ، وَمَا عَلَى الْبَحْرِ، كُلُّ مَا فِيهَا، سَمِعْتُهَا قَائِلَةً: «لِلْجَالِسِ عَلَى الْعَرْشِ وَلِلْخَرُوفِ الْبَرَكَةُ وَالْكَرَامَةُ وَالْمَجْدُ وَالسُّلْطَانُ إِلَى أَبَدِ الآبِدِينَ».

فكل مخلوق في أقصى أطراف الأرض مشترك في شئ واحد فقط هو عبادته، وعندها:

«وَكَانَتِ الْحَيَوَانَاتُ الأَرْبَعَةُ تَقُولُ: «آمِينَ». وَالشُّيُوخُ الأَرْبَعَةُ وَالْعِشْرُونَ خَرُّوا وَسَجَدُوا» (رؤيا ٥ : ١٤).

وهم يسقطون على الأرض ويسجدون للحى إلى الأبد، يا لها من صـورة معبرة، فمركز الكون هو العرش وهو يمتد فى دوائر متسـعة إلـى أقصى أطراف الكون، كل واحد وكل شـئ يفعل شـيئاً واحداً فقط : يعبد، ومن في الوسط؟ الحمل، يا له من يوم مجيد ذاك الذى سيأتى. آمين

ملاحظات للقـارئ

ملاحظات للقـارئ

ملاحظات للقارئ